仕事は ゲームに すると 上手くいく

［著］石川和男　［マンガ］松本麻希

激務な仕事をゲームに変える！

この本を手に取っていただき、ありがとうございます。

仕事の時間が楽しければ、それだけで人生は劇的に好転します。

突然ですが、『トム・ソーヤの冒険』に出てくる「ペンキ塗り」の話をご存知ですか？

トムはイタズラをした罰として、大きな壁にペンキを塗る作業を命じられます。

トムはどうしたか？　面倒で大変で辛いペンキ塗りを、楽しそうに快活そうに振る舞いながら行ったのです。すると冷やかしに来ていた仲間たちが、われ先に「やりたい！　やりたい！」と言い出したのです。

トムは、しぶしぶといった演技をして、リンゴやビー玉などと引き換えにペンキ塗りを交代します。トムは、仲間たちが楽しみながらペンキ塗りをしている姿を寝転がって眺めるのでした。

ペンキ塗りという作業が変わったわけではありません。

楽しそうに振る舞うことで、大変な作業を楽しい作業に変えたのです。

階段をのぼるのは大変です。しかし、階段をピアノの鍵盤に見立て、音の出る仕組みにすると楽しくのぼることができます。

ゴミが散乱している公園。ゴミを入れると「ゴォール！」と歓声が鳴り響くゴミ箱を設置したら、ポイ捨てが減ります。

階段をのぼることも、ゴミ箱にゴミを捨てることも変わったわけではありません。

工夫次第で、大変なことも楽しみに変えることができるのです。


仕事も同じです。

難易度の高い仕事を細分化して倒していく。イヤな仕事を演技をしている感覚で楽しむ。どの仕事を行うか悩んだらコイントスして決める。

仕事の内容が変わったわけではありません。

工夫次第で、大変だと思っていた仕事も楽しい仕事に変えることができるのです。

激務な仕事をゲームに変えていきましょう！

この本では、建設会社の総務経理、大学講師、時間管理コンサルタント、セミナー講師、税理士と5つの仕事を遊びに変えながら楽しんでいる私が、仕事をゲームに変える方法をご紹介します。

今回、30コのゲームを用意しました。

本書があなたの人生をより楽しくする1冊になれば幸いです。

2021年3月　石川和男

仕事はゲームにすると上手くいく

スマホでゲームをしている時間がモッタイナイ！　なぜなら、仕事はもっと楽しいゲームだからだ‼

第4章　テクニックゲーム

第5章　ノートゲーム

第6章 究極ゲーム

マンガの登場人物

山田達人

年齢は32歳、所属は営業部、社歴10年の仕事ができる優秀な社員。営業部にもう一人山田さんがいるので、「達人さん」「タット」と呼ばれている。パソコンを使いこなし、てきぱきと業務をこなす仕事の達人。清潔感がありスーツがよく似合う。

白鳥 凜

年齢は22歳、所属は営業部、入社1年目。仕事熱心だが要領が悪い。達人と同じチームで、達人に憧れている。営業部員のアイドルと言われている。

東山賢治

年齢は27歳、所属は企画部、入社5年目のゲーム好き。仕事術をゲームに例えて解説する、達人を目標にしている。長めの髪型でパーマをかけ、後ろで束ねている自称クリエイター。

早川明憲

年齢は51歳の営業部長。入社29年目の営業畑一筋の古株上司。社内ではいいおじさんと言われて満更でもない様子。

小松力也

年齢は38歳、営業課長、入社16年目の中間管理職。ノリが体育会系でいい上司だが、パソコンが大の苦手。

※本書に出てくる企業・団体・個人名は全てフィクションです。実在する企業・団体・個人とは一切関係がありません。

第1章

ゲームの達人仕事術

01

シューティングゲーム仕事術

仕事を細分化して次々と倒して行こう！

LEVEL：02

今日は朝から調子がいい。仕事がどんどん片付いていく。メールの返信、部下への指示、新聞で株価のチェック……でも何かイライラする、心にモヤモヤが残る。そんな気分の日はないですか？

それは、**好**きな仕事、**楽**な仕事、**円**滑に進む仕事ばかり片付いているからです。これらの仕事をセミナー講師の師匠である箱田忠昭先生は、**「好楽円《こうらくえん》」の仕事**と名づけました。

私も意識していないと、ついつい「好楽円」な仕事ばかり行ってしまいます。「好楽円」な仕事から手をつけると、気づいたときには、面倒で大変な仕事ばかりが残ります。そのときには、疲れ果てて、集中力も切れ、難易度の高い仕事に立ち向かう気力もなくなり先送り。次の日も「好楽円」な仕事からやりはじめるので、面倒で大変な仕事がどんどん溜まっていく。

そんな方には「シューティングゲーム仕事術」がおすすめです。

シューティングゲームとは、レーザーや弾丸で相手を次々と攻撃し、破壊するゲーム。迫ってくる敵を次から次へと倒し、クリアすることでストレスも発散されます。

私は中学生のころ、元祖シューティングゲームであるインベーダーゲームにはまり、襲撃してくるインベーダーを打ちまくり、ボーナスポイントであるUFOに狙いを定め破壊して楽しみました。レバー操作で指の皮がむけるほどやりまくりました（笑）。

今のシューティングゲームもほぼ同じ。雑魚キャラがたくさんいて、最後にボスキャラを倒せば一面クリア。

「好楽円」な仕事が雑魚キャラ。大変で面倒な仕事がボスキャラ。それならボスキャラである大変で面倒な仕事を行うのは難しいとあなたは思ったかもしれません。

安心してください。仕事では、ボスキャラを雑魚キャラに変えることができます。つまり**大変で面倒な仕事を、「好楽円」な仕事に変えることができる**のです。それは、**面倒で大変な仕事を細分化していくこと**。仕事を細かく分けるんです。

例えば、決算という仕事があります。会社の財産や借金をチェックし、どれだけ儲かったかを報告する書類作りです。1年の終わりの集大成、ゲームでいうと最終ステージ。さすが経理部門のボスキャラ、1か月以上かけて行う面倒で大変な仕事です。つい先延ばしして、期限ギリギリに提出することも。そんな**決算というボスキャラも、雑魚キャラに変えることができるのです。**

去年の決算書のコピー、現金のチェック、残高証明書を銀行に取りに行く、手形のチェック、得意先の残金確認……と、決算業務を細かく分けてノートに書きます。すると「去年の決算書のコピーぐらいはできるな」、「現金はAさんに手伝ってもらって一緒にチェックしよう」、「Bさんが銀行に行くと言っていたので、ついでに残高証明書を取ってきてもらおう」というように、**細分化することでボスキャラが雑魚キャラに変わり**、簡単に攻撃しやすくなり、次々と破壊することができるのです。

たとえ全部終わらなくても大丈夫。ボスキャラ級の大きさのときは全く手をつけられなかった決算業務が、今日は5つまで倒せた、明日は手形と得意先の残金チェックを攻撃しようと少しずつ倒していくことができるのです。

シューティングゲームの醍醐味は、次から次へと襲ってくる敵を仕留めていくこと。敵は一発で仕留められるぐらいの雑魚キャラなんです。

仕事の内容が変わったわけではありません。面倒で大変だと思っていた仕事を細分化し次々と終わらせることで、おもしろくてストレス解消になるゲームに変えたのです。

シューティングゲーム仕事術を使い、一発で仕留められるまで細分化して、どんどん撃破していってください。

お疲れ様です…

お疲れ〜

ハァ…

お、どうした？浮かない顔して
なになに〜？

もしかして恋の悩み〜？

うりうり
そんなんじゃないですよ〜

最近なんだかすっきりしないんですよね〜

仕事は順調なんです！業務は午前中に半分以上終わらせてますしでも…

えっもうこんな時間!?

なんで〜…？

気が付くと残業してて疲れてグッタリしてるんです…

恋バナじゃないの〜

なるほど…じゃ、午前中にはどんな仕事をどんな順番で処理してるの？

まず、出社して、メールの確認と返信、ネットで情報のチェック、スケジュールの確認と変更で、ミーティングです
ちゃんと働いてます！

アー…

で、定時前になってからようやくプレゼン資料や稟議書に取り掛かるわけだ
えっそうですけど変ですか？

ドキ
ドキ…

そりゃ、
好楽円症候群
だな
ズバーン
バシャッ
あちっ
好きな仕事、楽な仕事、
円滑に進む仕事ばかりを
先に進めることだよ
気がついた
時には重い仕事
ばかりが残る
あ〜…
でも、朝一番に
重い仕事を始めると
気持ちが
乗らなくて…
眠いよね…
それは
プレゼン資料や
稟議書の作成なんかを
1つの仕事として
捉えるからだよ
どういうコト？
プレゼン資料の
作成って具体的に
どんな作業がある？
資料を集めたり
表やグラフを作ったり
印刷とか
コピーもしますし…
あとは〜…
そう、
たくさんの作業がある
そして、それぞれの作業は
それほどたいした
ことじゃない、だろ？
そりゃ
そうです
ケド…
ゲームに例えると
わかりやすいよ
にゅっ
この場合は
武器を使って
敵をやっつけていく
シューティング
ゲームだね
インベーダー
ゲームって
知ってる？
攻めてくる
エイリアンを
下から撃ち
落としていくの
こういう
やつ？

あのゲームでエイリアンは雑魚キャラだろ？で、ＵＦＯはボスキャラ
ボスキャラを倒すのは大変だけど倒せたら痛快だよね
雑魚
BOSS
凜ちゃんは重い仕事をボスキャラに見立ててない？
BOSS
プレゼン資料
たしかに…
プレゼン資料、作るの大変だけど達成感あります！
そんな達成感のためにツライ思いをしてるの？
まさか！
いやいやっ
ボスキャラを細分化して雑魚キャラに変えてしまえば楽になるよってことなんだ
BOSS
変身!!
細分化？
そうそう！プレゼン資料作成を細分化して効率よくこなせばいい
プレゼン資料
印刷
原稿の作成
表・グラフの作成
こんな風にね！
これならすぐできそう
!!
名付けてシューティングゲーム仕事術！
どうしてお前がドヤ顔なんだよ

02

各ジャンルの仕事を完璧に終わらせて次へ進もう！

一面クリア仕事術

LEVEL : 03

書類を作るだけ、企画書を書くだけ、得意先1社に訪問するだけ。毎日の業務が1つだけ、そんな業務内容はありません。優しい、難しい、楽しい、辛い、好き、嫌い、円滑、面倒、簡単、大変、緊急、重要……様々な仕事を広範囲にこなします。

ストレスがたまるのは、大変、面倒、難易度の高い仕事ばかりが残ってしまうから。そんな仕事ばかりが残ると地獄です。この地獄から回避するゲーム……いや仕事があります。

それは一面ずつ確実にクリアしていくこと。**ひとつのジャンルの仕事をすべて終わらせてから、次のジャンルに進む**「**一面クリア仕事術**」です。

例えば、メールの返信。無意識に返信していくと、返信しづらいメールだけが残ります。そこで受信トレイにあるメールは、上から順番に強制的に返信していくのです。面倒だったり、読みづらかったり、長文で改行の無いビッチリ文字が詰まっているメールでも、すべて順番に返信して**受信トレイをゼロにする**。

ビジネスメールは、いつかは返信しなければなりません。だったら、**今すぐ全部やる**。面倒なメールだけを残して、書類確認や伝票整理など他の仕事にうつらない。メールを返信すると決めたら、その面は全部クリアする。想像してみてください。受信トレイにメールがまったくない状態。晴れやかな気分になりませんか？

書類箱の書類もひとつ残らず処理していく。助成金の申請の書類を読むのが面倒だな、この企画書を上司に渡したら嫌みを言うからイヤだな。そんな気持ちで後回しにしない。書類箱にある書類は上から順番に淡々と処理していく。**書類を処理すると決めたら、すべての書類を処理するまで他のジャンルの仕事をしない**。

「やることノート」（後述84ｐ）に書いた仕事は、すべて終わらせて次の仕事にいく。普段は優先順位の高い仕事から行っていても、「一面クリア仕事術」を行う場合は、上から順番に終わらせていく。もう少し頑張れば次は好きな仕事というように、ゲーム感覚でノートのタスクに取り組むことができる。

私も意識をしないと、各ジャンルで面倒なものだけが残ります。お詫びのメール、難解な書類、ノートに書いた面倒な報告書の作成……。各ジャンルのボスキャラだけが残っているのは本当に辛い（笑）。

そんなときは「一面クリア仕事術」。各ジャンルの仕事をすべてやり切ってから次に進みましょう。

03

スーパーマリオ迷路脱出仕事術

試しながら仕事をしよう！

LEVEL：03

人気の漫画家も最初は絵が下手なものです。巻を追うごとに上手くなる。デビュー作を一巻から読み返すと分かります。

自動車学校の教習車が前を走っていると遅くてイライラしませんか？　でも自分も教習所に通っているときは、こんなものだった。

最初は誰でも下手なんです。失敗してチャレンジして、いろいろ試して今がある。

だから失敗をしてもいい。いや成功者にとって失敗するのは宿命なのです。

知り合いに資格試験の勉強をしている人がいます。行政書士の資格を取ったけど、独立するには、もっと法律に詳しくなってからと言って、司法書士にチャレンジしました。3年間専念して合格。お祝いの席に呼ばれたときに、「開業はいつですか？」と聞いたら、「次は社会保険労務士にチャレンジします！」との返事。彼は30代後半になりましたが、今でも専門学校に通って実家暮らし。無職なので親のお金で生活しています。最終的には司法試験に受かるまで、いや受かっても独立しないかもしれません。

何かをはじめるとき、もちろん準備は必要です。しかし慎重になりすぎて、準備ばかりではいつまでもはじまりません。見切りをつけて動き出す必要があります。

日常業務、ルーチンワークはこなせても、「初めての仕事」「クリエイティブな仕事」「難易度の高い仕事」になると、一気に不安になり、思考停止になって、最初の一歩が踏み出せない。

そんなときは、「スーパーマリオ迷路脱出仕事術」。

私が、大学時代にハマったファミリーコンピューターのスーパーマリオブラザーズ。「徹マリ」と名づけ、徹夜でマリオをやりまくり、最終的には全面をクリアしました。

特に難しかったのが迷路の面（7－4）。制限時間内にマリオがゴールにたどり着かないと、ゲームオーバーです。プレイヤーである自分はどうしたか？

とにかく動く！　仮説を立てて、試行錯誤を繰り返し、マリオを動きまわらせる！　ここは行き止まり、ここが脱出口、火の玉はここでよけ、ここを迂回したらゴールに近づく。**行動して、行動して、検証を重ね、改善し、フィードバックをしながら、何度も試す。**

そうやって、時間内にゴールにたどり着く力を身につけ、難易度の高い面をクリアしたのです。

マリオを一歩も動かさず、迷路の道順を頭のなかだけで考え込んでいたら、脱出することは不可能でした。前述した漫画家も完璧に描けるまで待っていたらいつまでたってもデビューできません。車もテキストを読んだだけでは乗れません。仮説を立てて動いて、試してみないと、問題点もわからないし、正しいかどうかもわからないのです。

新入社員でも中間管理職でも役員でも一緒。

こうすればよいかな？　どうかな？　と仮説を立てて進んでいく。何度も試すことで答えが出る。当たり前ですが、失敗を繰り返さないと成功はあり得ません。

やる前は「大変そう」と思って先延ばしにしていたのに、いざやってみると意外と簡単に終わった。そんな経験はありませんか？　はじめる前の不安は、取り越し苦労に終わることが多いもの。心配事の９割は起こらないものです。

どんなことも、**はじめなければ、はじまりません！**

情報収集に時間を取られていたら、結局、仕事が遅い人になってしまいます。

仕事が速い人は、試して、試して、試して、試し続けながら仕事を終わらせるのです。じっとしていても、答えは見つかりません。答えは、動いた先にある。

「人生は『見たり』『聞いたり』『試したり』の三つの知恵でまとまっているが、一番大切なのは『試したり』であると思う」

一塊の町工場から本田技研工業の基礎を築き上げた本田宗一郎氏の言葉です。天才技術者と言われ、ホンダを一代で築きあげたのは、試す力が大きかったのかもしれません。

チュン
カタ
おっはよ～
カタカタ
カタカタ
どうしたの？
あっおはようございます…
小松課長に営業トークをもう少し磨いたほうが良いって言われてシミュレーションを…
うんうん
新人の頃は一度はそこで悩むよね～
そうなんだ
ホッ…
まず、世間話をしてお客さんを乗せるツカミってやつだねそこから上手に仕事の話にシフトする――
こればっかりは経験を積むしかないな～
まあ頑張れ
ハハハ
ですよね～
しょぼ～ん
カ～
ただいま戻りました～
お疲れ様で～す…
カタカタ
あれ？ 営業に出なかったの？
まさかずっとシミュレーション？
はい…
なんだか怖くなっちゃって世間話のネタ集めてました…

一息入れよう コーヒー おごるから
まったく も～
元気 ないじゃん
どうしたの？
営業の壁に ぶつかって いるんだよ
営業トークが 上手く できなくて…
どんより…
車の免許は 持ってる？
はいコーヒー
coffee
え…？はい… 学生のときに
営業 ですし…
教習所ですぐに 駐車できた？
いえ…
下がりすぎー!!
school
幅寄せはどう？
全然だめ…
ハンドル もっと切って!!
なんでだと 思う？
え？ そりゃ 運転したことが ないから…
恥ずかし～
今は駐車だって 幅寄せだって できるだろ？ それは、失敗しても 何度もやって みたからじゃない？
今は けっこうウマ いんですよ～

じゃ、営業も同じ
トライ&エラーの
繰り返しだ
でも、失敗
ばっかりで…
フッ…
どうして失敗したかを
検証して、修正する。
そしたら、いつの間にか
できるようになってる
ハア。。。
そうなの
かな?…?
凜ちゃん、
スーパーマリオ
ブラザーズって
やったことある?
中学のとき
やってた～
迷路の
ステージ
覚えてる?
はいっ、難しくて
めっちゃ
はまりました!
なっかしー
失敗しては
仮説を立てて、研究して
何度も何度も挑戦して、
そうしてるうちに
クリアできただろ?
宿題
終わったの--?
こっちが
先でしょ
ピコ ピコ ピコ ピコ
火の玉の
場所とか
う回路とか…
すごい研究した
仕事も一緒だよ
たしかに…
そっか! つまり、
スーパーマリオ
迷路脱出仕事術って
ことですね?
俺が言おうと
したのにな…
しょぼーーん…

04

自分の仕事は誰かに任せてみよう！

孫悟空分身の術仕事術

LEVEL : 02

初めてリーダーになったときは、部下に仕事を任せられないダメ上司でした。1人で仕事を抱え込み、深夜11時まで残業。それが当たり前でした。深夜1時を回って帰るときには、「あ～今日は2時間残業したか」と、時間感覚も麻痺！　すぐ寝ることもなく缶ビールを飲みながら、ミニストップで買った特大サイズのピザ、そしてチキンを食べまくる。胃袋感覚も麻痺し、1年で10キロ以上太り、猪八戒《ちょはっかい》なみになりました。

右手にチキン、左手にビールを持ちながら、「あぁもう一人自分がいれば、一人は伝票整理をやって、もう一人は銀行業務をやれるのに。さらにもう一人いれば電話応対、許可関係、ホームページの作成……。孫悟空の分身の術があれば、みんなで手分けして仕事をして定時で帰るのに」と、空想にふけっていました。

そんなときに訪れた転機の言葉！

自分の時間は買えないけれど、他人の時間は買える！

誰に言われたかは忘れましたが、この一言は全身カミナリが走る衝撃でした。

1日は24時間。孫悟空を岩から助け出したからといって1日が26時間に増えないし、逆に岩に閉じ込めたからといって1日22時間に減るわけでもありません。**自分の時間は増やすことも減らすことも、買うこともできません。**1日24時間は、全人類いや猿も河童も豚も一緒なのです。

しかし伝票整理に20分、銀行業務に30分、電話応対に10分、合計1時間の仕事を**すべて人に任せたら自分の時間はまだ1秒も使わずに残っています**。

「自分の時間は買えないけれど、他人の時間は買える！」このことに気がついてから、この仕事は、誰かに任せることはできないかをたえず意識するようになりました。

部下だけではありません。上司に相談という形でお願いできないか。同僚や他の部署の人が外出するとき、ついでに頼むことはできないか。

重複している買い物、官公庁への書類提出、通帳記帳を持ち回り（当番制）にできないか。

許可関係なら行政書士、助成金なら社会保険労務士などの士業に頼んで、自分は本業に集中できないか。ホームページの作成を専門業者に任せられないか。

部下、同僚、上司、士業、専門家……私が気づかなかっただけで、**孫悟空の「分身の術」は使いこなせるのです。**

あなたも行っている仕事を誰か他の人に任せられないか、探してみてください。

05 勉強は最高のゲーム！ ゲーマー仕事術

LEVEL : 04

私は、「パックマン」、「スーパーマリオブラザーズ」、「テトリス」で最終ステージをクリアするほどゲームに熱中していました。「ドラゴンクエスト」などのロールプレイングゲームや、「ギャラクシアン」などのシューティングゲームも得意でした。

20年前、私は会社が休みで、妻が出勤日だったときです。朝8時に家を出る妻に、「いってらっしゃい」とテトリスをしながら見送ります。夕方7時に妻が戻って来ましたが、私は朝と全く同じ態勢でテトリスをやり続けていたのです。11時間テトリス三昧。どれだけゲームが大好きだったのかと自分でもあきれます。

極めてしまえば達人になれます。その他大勢から抜け出し、ゲーセンでは神と呼ばれます。

それは仕事にも応用できるのです。

所属する分野の資格を取得することで、その他大勢から抜け出すのです。私は建設会社の経理部に配属された時点で、建設業経理事務士4級の勉強をはじめました。その後、3級、2級と取得し、難関の1級を取得。全国にいる社員のなかで一番早くに取得し、本社の取締役から賞賛されました。最終的には税理士の資格も取得し、経理の達人になりました。

例えば、民間企業の経理部に配属されたら、日商簿記3級からはじまって2級、1級、ファイナンシャルプランナー、最終的に税理士。総務なら社会保険労務士や行政書士、キャリアコンサルタント。外資系なら英検やTOEIC。建設会社の現場担当なら施工管理技士や技術士など。**その道で極めたいなら、その道の資格を取るのが一番。**もちろん実務的能力や経験がものを言う場面もありますが、知識を増やし専門性を養うのも重要な武器です。経験で実務面、勉強で専門面、どちらも極めれば最強です。

資格試験の勉強は、ロールプレイングゲームとアクションゲームを混ぜ合わせた最高のゲームなのです。私はテトリスをやめて資格試験というゲームに参加しました。

・何度もプレイすることで経験値を上げる。⬇テキストを繰り返し読んで知識を増やす。
・旅に出てアイテムを獲得し力をつける。⬇暗記や計算問題を解いて力をつける。
・雑魚キャラを倒していく。⬇ミニテストや基本的な問題を解いて正解していく。
・能力を上げ、次のステージへ。⬇能力を上げ、基本問題から応用問題へ。
・ラスボスを倒してゲームをクリアする！　⬇目標の試験に合格する！

似ていますよね。しかもキャラクターの能力を上げるよりも、自分の能力を上げる方がヤル気になります。ヴァーチャルの世界からリアルの世界へ。勉強は人生を賭けたゲームなのです。

勉強をゲームにする。またはゲーム感覚を取り入れることで、楽しくなります。

・友人と暗記した箇所を山手線ゲーム方式で順番に答えていく。
・どちらが高い点数（ハイスコア）を上げるかテストで競う。
・自習室や図書館で勉強するときは、「この人が休憩するまでは自分も休まない」と勝手にアカの他人と勝負する。
・模試の点数で上位何％に入れるか、前回の自分と競う。
・数名の仲間とテストの順位を競う。
・以前の問題は10分。今回の問題は何分で覚えられるか、タイムを競う。
・仲間と競っているときは、からあげ君チーズなど、金銭的負担にならない賞品を賭け、1人で行う場合は難易度に応じて、ご褒美のレベルを上げていく。

資格は取っても実務で使えない、マイナスの意味で使われる資格マニア、資格は足の裏についた米粒（取っても食えない）と言う人もいます。しかし、私に言わせたら活用できていないだけ。取得することで、専門性を養い、自信がつき、生きがいや自己啓発にもなる。**知識が増えることで昨日までの自分とは違う自分になれる**のです。

仕事も勉強もゲーム感覚で楽しく行う方法は、いくらでもあります。

小松課長、出世ってどうしたらできるんですか？
僕、5年目なんすけど、いまだに一番下っ端で…
フキ
フキ
営業なら営業成績を上げ続けることが一番の近道だけど、賢治は企画部だからな
なら、画期的なキャンペーンを企画するとか？
せめて新入社員が入ってきてくれたら少しは楽になるんだけどな～
忙しくて～
いつだろ…
いつかかわいい子が入ってくるよ
ハハハ
そうだ！資格、取ってみたらどうだ？
天ぷらそば3つです～
資格ですか？
専門知識が身に付くし、そういう知識がある証明にもなるぞ
パキッ
自信も付くしね
そっか…
あ、でも…企画部にメリットがある資格なんてあるんすかね？
ずぞーー
うま～
そりゃあるよ

例えば、新商品の開発や改良を提案する商品プランナー
商品プランナーの専門性をさらに高めた商品開発士というのもある
新商品企画
もりもり
そんな資格あるんスね
へ〜
販路コーディネーターもいいかもね
マーケティングを極めるなら必要だな
いろんな分野の資格があるんすね
でも仕事に加えて勉強しなきゃですね…頑張らないと
ハァ…
おー頑張れ〜
道を極めて達人になればいい
賢治はゲーマーだろ？
何でもゲームに置き換えて考えるといいよ
資格の勉強はロールプレイングゲームとアクションゲームを混ぜ合わせたような最高のゲームということ
例えば、RPGだと最初に何度もプレイして経験値を上げるだろ？
LEVEL UP!!
経験値のLVがアップしました
まずは、テキストを繰り返し読んで知識を増やす

ゲームでは、旅に出てアイテムを手に入れて力を付けるよな？
GET
練習問題を解きまくって力を付けるんだよ
なるほど
最後にラスボスを倒して、資格をゲットする…ですね？
仕事や勉強にゲーム感覚を取り入れることで楽しくできるようになるんだ
そういうこと!!
ゲーマー仕事術ですね？
そうそうゲームに夢中になればいい
フムフム
お前もな
ゴクッ
あっそばが伸びてる!!
まだ食ってなかったのか
くたし～…

MEMO

第2章

時間術ゲーム

01

ガムシャラタイムで集中しよう！

本試験受験本番仕事術

LEVEL：03

突然ですが、資格試験や高校、大学受験などを思い出してみてください。

「はじめてください！」と言われてから、スマホでネットサーフィン、ラインやメールの返信、コーヒーを飲みタバコを吸って、隣の受験生と雑談……そんなことはしませんよね。

1点でも多く取るために試験問題に集中します。全体を読み、難易度を確かめ、各問題の時間配分を決め解いていく。

私が受けた税理士試験の制限時間は2時間。テキストをもっと読みこんでいれば、過去問をもっと解いていればというプチ反省とともに、時間があっという間に過ぎさっていくことを体感しました。

つまらない映画やセミナーだと2時間は長いと感じても、「受かりたい！」と真剣に取り組んでいる2時間はあっと言う間に過ぎていく。それだけ集中して挑んでいるのです。

仕事でもそんな極限まで集中する時間を作ってみてください。**2時間だけ本試験を受けている**

気持ちで集中する。名づけて「本試験受験本番仕事術」。

先延ばしにしていた面倒で大変な仕事を2時間集中してやると決める。ネットも見ない、メールも返信しない、飲み物も飲まない。部下には緊急じゃない質問は控えてもらい、電話も取りつがないよう依頼する。

10時スタートなら12時まで。本試験のようにタイマーを2時間にセットして集中する。試験の終わりを告げるチャイムのように、昼休みを告げるチャイムが鳴るまで全力で取り組む。

部署がうるさく集中できないなら会議室を予約して使う。許可を得て喫茶店や図書館に行く。

あなたがリーダーなら、チームでガムシャラに仕事をする時間を決め、その時間は集中することを提案する。電話や来客の当番を持ち回りで決め、声掛け雑談禁止というルールを作る。

新入社員や若い社員がいて指導しなければならないときは、チームを組んで集中する。20分以内で書類を作成して、過去5年分のデータを30分で入力するなど二人三脚で行うことで集中できます。右腕として2時間フル稼働してもらう。

本気で受けた試験は、どう過ごしていたか？　合格だけ考え1点でも多く取ろうとしていた。この感覚を思い出し、先延ばししていた仕事を2時間だけでも集中して挑んでみてください。

2時間を知らせるチャイムに何とも言えない達成感があります。昼休みになるので楽しみなランチも待っています。

LEVEL：02

02 わんこそば仕事術

コマかい雑務は一気に終わらせよう！

「はい、どんどん！」「はい、じゃんじゃん！」

給仕係が気持ちのいいリズムでかけ声をかけ、絶妙なタイミングでそばを入れ続ける。空になったお椀を積み重ねていく「わんこそば」。お椀にはひと口で食べられる量のそばが、次々といれられていく。私も、給仕係さんのリズムに乗せられ次々とそばを平らげてしまいました。

仕事には難易度の高い仕事、大変な仕事のほかに雑務もあります。例えば、ファイル整理や時計の電池の入れ替え、パソコン廻りの片付け、トナーの取り替え……。気になっていたけどいつも出来ない。

優先順位の高い仕事から行うこと自体は正しく問題ありません。しかし、雑務が、頭の片隅にたまっていくとストレスもたまっていきます。

また、発生するたびに雑務を行っていると、優先順位の高い仕事を中断することになります。

ＳＮＳの通知をオンにしているのと同じです。通知を受け取るたびに仕事を中断して確認する。

ときには返信する。つい他のメールも見てしまう。集中力も切れリズムも崩す。

だからといって**頭の片隅に記憶しておくと、それらが気になり、目の前の仕事に集中できません。**私はストレスをためないため、雑務を思いつくたびにA４の用紙（メモ紙）に書き留めます。

用紙は書類箱に入れておき、雑務を思いつくたびにメモを追加していきます。10以上たまったら、一番集中力のない時間帯に一気に片づけるのです。1．PC廻りの片付け、2．切手の整理、3．窓ふき、4．書棚の整理、5．迷惑メールの削除……タイマーをセットし、15分または30分で一気にやると決める。**注がれるわんこそばを一気にかき入れるようにリズムよく、制限時間までに、どんどん終わらせていく。**終わった雑務は番号に赤丸をつけていく。

一日24時間は、平等です。しかし、集中力が高まる時間と、切れている時間は、一定ではありません。集中できる時間と集中できない時間があります。

私は、昼食後が一番集中できない時間帯です。その時間帯に雑務の量に応じて15分か30分でやり切ると決めます。即効で窓や金庫の上を拭き赤丸、迷惑メールを一気に削除して赤丸、ものすごい勢いで書棚を整理して赤丸……。**期限という集中力を生み出す不思議な力を借りて、次から次へと片付けていく。**そのうち眠気も冷めていき、覚醒された気分になります。

気になっていた雑務を次々に終わらせると、気分も爽快になります。

03

3時のおやつよりも、その後のご褒美！

午後の紅茶仕事術

LEVEL：01

「午後の紅茶」が発売されたとき、「なんというネーミングなんだ」と驚きました。紅茶は朝でもランチでも飲むのに、まさかの午後限定！　そんなネーミングで売れるのかと思ったら大ヒット。毎年何種類も新しいソフトドリンクが発売され、売れないモノは淘汰されるなか、「午後の紅茶」は１９８６年に発売されてから今でも根強い人気があります。午後という限定感で、マッタリとした時間に紅茶を優雅に楽しむ姿が想像できたこともヒットの要因だと思います。

余談ですが、私の１冊目の書籍「30代で人生を逆転させる1日30分勉強法」のタイトルは、「午後の紅茶」の「午後」をヒントに、30代、30分という限定感をつけ、ベストセラーになりました（余談というより、自慢話になりました）。洋菓子とともに午後は紅茶で一休み。そんな組み合わせは和《なご》みます。甘い物をとると、疲れもとれた気になります。そして残り時間も頑張ろうと！

しかし私は、ご褒美は最後に取っておくタイプなんです。

これも余談ですが、私が太る原因は、全ての用事が終わってから食事をとるからなんです。執筆やセミナーコンテンツを考えてから食事。ジムに行って運動して、岩盤浴に入ってから食事。本を読んだ後に食事。食事を先にしていたら少しは痩せていたかもしれません（余談というより、言い訳になりました）。

私は昼食後の13時と15時になると、集中力が落ちてきます。13時の過ごし方は前述しましたが、15時はどう過ごしているのか？　発奮材料として、夜のご褒美を賭けて仕事を行っています。難易度が上がれば上がるほどご褒美も弾みます。と言っても、「からあげクンレッド」を買って帰るとか、「ファミチキ」を買って帰るなどカワイイものです。それと同時に達成度に応じて罰も設けます。例えば、面倒な書類作成。完璧にできたら「プレミアムモルツ」、8割方なら「ビール」、少しでも手をつけたら「発泡酒」、何もやらなかったら「水道水」というように。

厳しいですが、水道水がいいのです。「仕事のあと、どうしてもアルコールが飲みたい！　水道水だけはイヤだぁー」という気持ちになって、ちょっとでも手をつけようとします。**手をつけたらコッチのもの。興奮作用が働き、その作業を続けたくなります。**そんな心理状態のことを「作業興奮」といいます。せめて発砲酒を飲みたい。だから少しだけでも手をつける。少しでも行えば少しで終わる人はなかなかいません。もう少しやろう、切りのいいところまでやろうと進み、最後はプレミアムモルツの王冠を手に入れるキッカケにもなるのです。

04

閉店ガラガラ！ ラストの時間を決めてしまおう！

ラストオーダー仕事術

LEVEL : 02

子どものころ、「父親が毎晩遅くまで仕事をして帰ってくるのに、銀行の人は3時で終わっていいなぁー」と、思っていました。3時にシャッターが閉まっても、猛烈に働いていることに気づかなかったのです。

最近では、17時以降に電話をすると「お電話ありがとうございます。本日の業務はすべて終了しました……明日の営業は9時からになります」というアナウンスを流す会社も増えてきました。本当は電話のむこうで猛烈に働いていることに、オトナになった今は気づいています。

私は時間術のセミナーで、「2時間仕事を短縮できれば、理論上2時間早く帰ることができます」と言っています。

なぜ理論上なのか？　2時間空いても、その時間に他の仕事を入れてしまうので結局帰れないからです。

チェーン店の居酒屋は、どれだけ混んでいても、営業終了時間が近づいたらラストオーダーを聞きにきます。もっと遅くまで営業すれば儲かると分かっていても、そのルールは変えません。

混み具合で営業時間を変えると、いつ開いているか分からない店には戸惑います。従業員の予定も立ちません。ラストオーダーを聞き、片付けを済ませて決まった時間に閉める。お客様のみならず従業員からの信用も得られるのです。

仕事が速く終わる社員。終わっても次から次へと新たな仕事を頼まれる。一方、仕事の遅い社員は残業しても少しの成果しか上げられない。

集中して仕事をしても、高いスキルを身につけても、次々と仕事が舞い込んでくる。**速く終われば終わるほど大変になるシステム。**そんな状況だと仕事が速い社員が腐り出し、手を抜いて働くようになり、仕事が遅い社員と同じレベルになります。

では、どうするか？

会社で数値目標を持つのです。受注、売上、利益、成約数、企画書提出数など、具体的数字で目標を掲げ、月ベース、週ベース、1日ベースに落とし込んでいく。今日1日行う仕事を把握し、ノルマを達成したら帰る仕組みを作る。

今までは長時間働いてでも成果を出すことが美徳とされていました。これからは限られた時間で成果を出す時代です。限られた時間とは定時までです。

定時が当社のラストオーダー！　そのために目標数値を掲げておく。そうすることで集中して仕事をし、仕事の速い社員もやる気が出て、残業も回避できるようになります。

05 二子玉川仕事術

探すことに手間取るな！　重要な物は2つ揃えよう！

LEVEL : 01

どんな試験でも、受けるからには集中したい。

問題を解いている途中でシャープの芯が出てこない。カチカチとプッシュボタンを何度押しても顔を出さない恥ずかしがり屋のシャープの芯。親指と人差し指で先端部分をそっとつまんで抜くと、1センチに減少した芯が引き抜かれる。慌てて筆箱から芯ケースを取り出して開け口を探すが良く分からない。やっと開け口を見つけ新しい芯を取り出す。シャープの先端からそっと挿入。緊張と手汗で途中のところで「ポキッ」と折れる。3分の2の長さだけ入り、試験問題を再スタート。時間にして1分ほどの作業なのに、焦って気持ちがボロボロ、芯だけじゃなく心も折れる。今回の試験はこれで終了。次回はシャープの芯の確認。**シャープは2本持っていくという教訓**が新たに生まれた瞬間です。

次の試験はマークシート。しっかり勉強した甲斐あって楽勝ムードの5択問題。良いペースを保ちつつ解答番号を塗っていく。試験も中盤に差し掛かり、3番を塗っている途中で引っ掛け問

題。過去問でよく出ていた引っ掛けだと「ニヤリッ」と笑う。修正しようと消しゴムを取ろうとした瞬間に取り損ねて落下。消しゴムは、前方右斜め45度の女性の椅子の下へ。慌てて机の下にもぐり込み、イスの後ろから女性の不快な視線を感じつつ、右手を伸ばして何とか消しゴムを探り当てる。伸ばした右肩を左手でさすりながら、試験問題を再スタート。その後の問題を1行飛ばしてマークをしていたことに最後の問題で気づく。解答欄が1題分足りない恐怖。今回の試験はこれで終了。次回は**消しゴムを2個持っていくという教訓**が新たに生まれた瞬間です。

仕事も同じです。午前中、優先順位の高い仕事は邪魔が入らない状態でやり抜きたい。電話連絡もメールも声掛けも禁止して頑張っているのに、青のボールペンが無い、消しゴムが発見できない、黄色の蛍光ペンがもう出ない、これでは集中力が続きません。**仕事はリズムが重要**です。リズムが崩れたとき集中力も切れ、コーヒータイムや喫煙タイムに変わります。会社で使用する愛用の**文房具類は同じ物を2つ用意しておく。ひとつが見つけられなくても、すぐに取り出せる**ことでリズムを崩さずに、スムーズに仕事を進めることが出来るのです。

仕事術の名称を考えるのにSNSで「あなたの知っている双子の有名人」を募集しました。ザ・ピーナッツ、リンリン・ランラン、こまどり姉妹からマナカナ、ザ・たっちまで多くの名前が寄せられましたが、票が割れたので「二子玉川仕事術」にしました。芸能人じゃない、しかも哺乳類でもない。教えてくれた皆様、申し訳ありませんでした。

あれ？
書けない…
ゴソ
ゴソ
ワハハ
あの新製品は…
ヒソ
あの…
ボールペン
貸してもらえ
ませんか
ヒソ
それでしたら…
ヒソ
ありがとう
ございます
スッ…
先方が
話してるときに
探し物をするのは
失礼だぞ
はい…
すみません
○×商事
筆記用具を
２つずつ持ち歩く
習慣はないの？
はい…
筆箱にはいつも
１本ずつしか
入れてません
ボールペン・
赤ペン・蛍光ペン
各1本ずつ…
PEN

筆記用具は必ず予備のものを持ち歩くこと!
すみませんでした…
はいっそうします!!
仕事にはリズムがある
リズムに乗ってるときは思いのほか早く仕事が進むだろ?
ボールペンのインクが切れたとか、シャーペンの芯がなくなったとか、
そういうことが仕事のリズムを狂わせるんだ
はい…
それから、物を探すのが一番もったいない時間の使い方だ
それならまだ遊んでるほうが良いよ気分を切り替えられるから
はい…
シュン…
…っということを俺も小松課長から教わった
備えあれば憂いなし、だ!
はい、ありがとうございます
まっ次から気をつけてね
良い心掛けだ
忘れる前に予備を買っておきます!
文房具
寄ってもいいですか～?

MEMO

第3章

コミュニケーションゲーム

01

夢の相合傘大作戦仕事術

楽しい仕事があるわけではない。仕事を楽しくしているのです！

LEVEL：03

青春時代にタイムスリップしたと思って、想像してみて下さい。

授業が終わり玄関を出たら、土砂降りの雨。折りたたみ傘では小さすぎて買ったばかりの白いスニーカーも汚れてしまう。「早く止まないかな」と思いつつ、塾があるから帰らなければならない。憂鬱で憂鬱で仕方がない。

気配を感じて振り向くと、小学校から大好きだった幼馴染。下駄箱の隅で傘を忘れて途方に暮れて立っている。意を決して「入っていく？」と誘い、相合傘で自宅に帰る。雨に濡れないように小さな傘に身を寄せながら、この状況が永遠に続かないかと考える。

先ほどまでは「早く止まないかな」と願っていたのに、今は「止まないでくれ」と願っている。

憂鬱な気分からドキドキウキウキな気分に！

一体何が変わったのでしょうか？

雨が降っている状況に変わりはありません。内面であるあなたの心が変わったのです。

イヤな仕事、大変だと感じている仕事でも、同じことが言えます。**仕事をやることには変わりありません。内面である心を変えれば仕事は楽しいゲームに変わります。**

何度言っても部屋の掃除をしない兄弟。どちらが速く片付けが終わるか、時間を計って競い合わせると、猛然と片付けをはじめます。

ペンキ塗りのボランティアをイヤイヤやっている子どもたち。ダラダラと塗っていたのにチーム制にして、どのチームが一番塗る量が多いか競わせると、喜んでペンキを塗りはじめます。

掃除、ペンキ塗りという行為に変わりはありません。**イヤだと思っていたことが、競い合うことで楽しいゲームに変わった**のです。

私も競争原理やゲーム感覚を利用して、私と部下、部下同士など、チームになって競い合いながら仕事を終わらせることがあります。伝票整理とパソコンへの入力業務が同じぐらいのスピードであれば、タイムを競い合います。終わったあとは、お互いの仕事を交換し合いチェックをします。１つのミスで１分のタイムを加算するなど、仕事をゲームに変えるのです。

嫌な仕事、大変な仕事ほどゲーム感覚ですすめると、部下も満足だし、自分も楽しく仕事をすることができます。

楽しい仕事があるわけではありません。仕事を楽しくしているのです。

02

青森県恐山イタコ仕事術

上司の気持ちになってワンランク上の仕事をしよう！

LEVEL：01

「なんでそこでクリンチに逃げるんだよ！　このままだと判定で負けるだろ！」と、テレビ越しに叫んでも、ボクシングの最終ラウンドはキツイ。それはやらないと分からない。

「コイツつまんねぇなぁー。俺だったら、もっと面白いネタで笑わせるのに！」と、テレビ越しに思っていても、毎回コンスタントに人を笑わせるのは大変。それはやらないと分からない。

しかし実際にその立場に立たなくても、少しでも格闘技をかじるだけで1ラウンド3分だけでも相当キツイことが分かります。お笑いコンテストに出場するためにネタを何本か書くだけで、身内ネタではなく、一般の人々を笑わせ続けるのが、いかに大変かが分かります。立場、状況を疑似体験することで、ボクサーや芸人の大変さが分かるのです。

あなたも上司の気持ちが分からない。もしくは尊敬する上司のようになりたい、ワンランク上の仕事がしたいと思ったら、手っ取り早い方法があります。

名づけて「青森県恐山イタコ仕事術」。イタコのように、**尊敬する人が乗り移ったように、そ**

の人になった気持ちで行動するのです。

憧れの上司。ちょっと疲れたらネットサーフィンをするかな？　上司が乗り移った気持ちで考えてみよう！　いやここは頑張るだろうな！　見たとしても5分とか期限を決めるだろうな。企画書を作りかけのまま帰るかな？　上司が乗り移った気持ちで考えてみよう！　いや最後まで書き上げてから帰るだろうな。

このように尊敬する人を考え、思いを巡らす。同じように振る舞い役作りをすることで、相手に近づき成長することができるのです。尊敬できる方なら、身近な人でなくても、歴史上の人物や、カリスマ経営者を乗り移らせても構いません。

私は尊敬する役員の部屋にこっそり忍び込み、書棚にある本のタイトルをすべてチェックしたことがあります。どんな本を読んでいたか気になったのです。いわば、役作りのための勉強でした。

そして読んでいた本をすべて読破し、後日、飲んだ席で、それらの本に沿って話すと「俺と同じ考え方じゃないか、嬉しいなぁ〜」と喜ばれました。もちろん部屋に忍び込んだことは黙っていましたが……。役員が読んでいた本には難解なものもありましたが、とても勉強になりました。自分では選ばない本を強制的に読むことで成長できました。普段読まない分野の本が、私の視野を広げたのです。内容がわからなくても形だけ真似るだけでも得るものがあります。

尊敬できる人を演じ続けることで、劇的に成長できます。

03

究極の社員教育！　銀座に学べば離職率も激減する！

銀座のクラブ仕事術

LEVEL：02

あなたは「七五三現象」をご存知ですか？　中卒の**七**割、高卒の**五**割、大卒の**三**割が、入社3年以内に会社を辞めていく現象のことです。

3年といったら、そろそろ一人前になり、会社に貢献してくれる時期、今までは投資期間。やっと回収できると思った矢先に辞められると会社にとって大損失です。

一方、新入社員も他にやりたいことがあって辞めるなら別ですが、単に仕事が辛いから、嫌な上司がいるから、友人が入社した会社のほうが楽しそうだからなどの理由で辞めると「辞めクセ」がついてしまいます。次の転職先では、もっと簡単な理由で辞めてしまい、スキルが何も身につかず、どんどん劣悪な会社に転職する可能性もあります。

たった3年で辞めることは、どちらにとっても不幸なのです。

企業も手をこまねいているわけではありません。あるコンサル会社の社長は、10名以上いる社員全員と、交換日記を毎日しています。今どんな状況で、どんな悩みを抱えているのかを理解することで、互いに働きやすい環境にする。交換日記をはじめてから離職者はゼロになったそうです。

社長は、自分のなかで交換日記のルールを決めているそうです。

それは、部下よりも一行でも多く書くこと。「今年、入ってきた新人の子がメチャクチャ書いてきて大変なんだよなって」とこぼしていました。顔は笑って嬉しそうでしたが（笑）。

新入社員が辞めてしまう原因のひとつは、年上社員との意思疎通が難しいこと。50代、60代の社員は、新人によっては親の世代ですから距離があります。

そんな苦手意識を払しょくさせるためにおすすめなのが、「銀座のクラブ仕事術」。

銀座というのがポイントです。場末ではいけません（笑）。

銀座の一流クラブでは、女性スタッフへの教育が行き届いています。一流クラブがどのように女性スタッフを教育しているのか？

あるクラブでは、開店前に「新聞を読ませる」という教育方法をとっています。新聞を読むと、世の中に明るくなるので話題に困りません。お客様に接するときの相槌も真剣になるし、読解力や思考力も身につきます。

会社の若手に対してもこの方法は有効です。ただし、読むだけでは知識は増えても、コミュニケーション能力の改善につながりません。**読んだ内容を先輩に5分でプレゼンする**のです。お客様に営業でいきなりプレゼンするより気分的に楽です。改善点を探すこともできます。

新聞は、読もうと思えば何時間でも読めるので、15分と期限を決めて読むようにします。**限ら**

れた時間で重要な項目を探すことは、情報が身につくだけではなく、要約力、プレゼン力まで育成できます。この方法は、一石で三鳥とも四鳥とも言えるのです。

新聞は、一般紙ではなく、業界紙がいいでしょう。専門知識が身につくというメリットもあります。

歳の離れた者同士が、コミュニケーションを取り合うのは大変です。毎回、天気の話、スポーツの話をするのも大変だし、逆に盛り上がって雑談になり、仕事に支障をきたす場合もあります。アメリカの心理学者ロバート・ザイアンスが提唱した「単純接触効果」。月に一度飲みに行くより、毎日少しずつでも交流したほうが、好感度や評価等が高まっていくという効果です。

新聞を読みプレゼンすることによって、毎日少しずつコミュニケーションを取ることができます。無理やり話題を見つける必要もありません。

それこそ銀座のクラブに飲みに行く必要もない「銀座のクラブ仕事術」。効率的で経済的な手段なのです。

おつかれ〜
課長、どうかしました？
遅くなってスンマセン
ハ〜
最近、退職者が続いてて
今日も佐々木が退職願出してきてね…
ハ〜
彼は2年目でしたっけ
アイツ辞めるのか!?
先々月も、1年目の戸田が辞めたばかりなんだよ
辞める理由は何ですか？
生
よろこんでー
自分に合わないからっていうのが多いな
後は上司と馬が合わないとか…
フ〜…
営業部でちょっと問題になってて
入社3年以内に辞めていくやつが多んだよな
困った。。。
それって七五三現象ってやつですよね
3年以内離職率
大卒
高卒
中卒
なんだそれ？
中卒の7割、高卒の5割、大卒の3割が3年以内に会社を辞めてしまう現象のことです
ずいぶん多いんだな〜
その原因の多くはコミュニケーションの不足と言われています
おかわりっ

でも、うちは毎朝朝礼してるぞ
おはよう!! 先週の報告は?
ハイッ
コミュニケーションとれてるんじゃ
それは、どちらかというと伝達事項で、業務に近いですよね
問題は年上社員と若い社員との意思の疎通が難しいことです
ぐい〜
それなら月に一度みんなで飲んでるけどな…
今月もお疲れ様〜
毎日飲めと…?
毎日、少しずつでも交流することに意味があるんです
そういうコトじゃないっス
なんで、そんなに詳しいんだ?
今、企画部にコンサルタントが入っていて、社内の風通しを良くする研修を受けてるんです
すごいな
で、コンサルタントはなんて?
新聞
これは、銀座の一流クラブの方法なんですが、毎日、若手に新聞を読ませるんです
新聞? なんのために?
できれば、専門知識が身に付く業界紙がいいみたいです
生ひとつー
知識や読解力を身につけるためもありますが、共通の話題を作るためです

ん？
でも、新聞を読んでもコミュニケーション能力は上がらないだろ？
なので、読んだ内容を上司や先輩に対してプレゼンするんです
おかわりー
そして、そのプレゼンについて、議論することでコミュニケーションを取ります
なるほどね
月一で飲み会を開くより、毎日少しずつコミュニケーションを取った方が、好感度や評価が高まっていくらしいですよ
手軽だし勉強にもなる
やってみる価値はありそうだな
フム
単純接触効果っていうらしいです
名付けて銀座のクラブ仕事術！
ド
名前付けるの好きだなー
でも、ルーティンにしたら業務になりそうだな
仕事が増える～
コミュニケーションが目的なのを忘れないようにするしかないですね
まぁ、今日は嫌なことを忘れて飲みましょう
ごちそうさまです!!
ズラ～
いつの間に…

04

嫌な仕事は演じて乗り切ろう！

私は女優仕事術

LEVEL：01

あなたは、このような状況になったら、どう思いますか？

豪雨の中をお客様に呼びつけられる。急いでお客様の会社に行ったら何度もクレームを言われ怒鳴られ続けた。後輩のミスだけど言い訳になるので一切口にしなかった。最後は土下座を強要された。

上司に怒鳴られ、社員一同の前でバカにされた。休日に上司の子どもや犬の世話をさせられた。お前の脳は鳥以下だなと言われた……。

こんなことが何度も続くと耐えられないですよね。心の病気になりそうです。しかし、こんな理不尽に耐えられる職業がひとつだけあります。

それは女優。すべて演技だったら何の苦痛もありません。演技が好きな人だったら喜んでこの役を引き受けます。**だって演技だから。**

あなたも不快なとき、悔しいとき、理不尽な文句を言われたとき、自分のなかで苦しむのでは

なく、たまには**「演技、演技」と思って受け流してみる。**文句をいう相手は理不尽な役を演じ、反面教師となって自分に気づかせてくれているのだと。

先ほど例にあげた、上司の子どもや犬の世話、脳が鳥発言は実話です。私が女優時代、いやブラック企業に勤めていた20代で受けた仕打ちです。本当に辛かったけど自分は演技をしていると思い込んで乗り切りました。そして、この上司も今で言えば「半沢直樹」の大和田常務役を演じているんだ、自分が管理職になっても、こんなヤツには絶対にならないと心に刻むほどイヤな役を演じてくれているんだと思って対処しました。

こんなときにも「私は女優仕事術」が使えます。

これから会議の司会をする。大勢の前でスピーチする。得意先の前で商品説明をする。**苦手なことを行なうときも「私は女優、この役を見事に演じ切る」と役作りをして挑む。**そうすることで今までと違う自分を引き出すことが出来るのです。

実はセミナー講師のなかには、人見知りも多くいます。有名な先生でも1対1で話すときは緊張するという人もいます。しかし壇上に立ったら１０００人でも１０００人の前でも堂々とプレゼンをしているのです。「自分はスティーブジョブスばりの素晴らしいプレゼンターなのだ」と、演じているからなのです。あなたも**苦しいとき**、またはこれから**苦手なことをするとき**など、女優になった気分でふるまう「私は女優仕事術」を使ってみませんか？

05

朱に交わっても赤くならない！

お前は腐ったミカンじゃない仕事術

LEVEL：03

学生時代、担任の先生の教え方が下手で滑舌も悪く、黒板の文字も汚い。だからといって勉強しないでいると、損をするのはあなたです。

青信号だからと道路を渡っていると、信号無視した軽自動車がツッコんできた。悪いのは運転手ですが、怪我をするのはあなたです。

担任のレベルが低いなら、塾に行ったり、友人と勉強を教え合ったりして、自分を高めなければなりません。青信号でも左右を確認して注意して渡らなければなりません。

上司がバカで能力がなく、仕事の指示も悪い、やる気もなく新しいことに挑戦しようともしない。だからといって一緒になって自分も成長を止めたら、困るのはあなたです。

新しい上司になったとき「以前の上司がバカだから私も仕事をしていませんでした」とは言えません。転職先で「以前の職場は上司のせいで仕事を覚えていません」と、言ってもいいけど採用はされません。

一番大切なのは腐らないこと。腐って成長を止めてしまったら、損をするのはあなたです。**生産性のないチーム、やる気のない上司、覇気のない同僚、それらに負けてはいけません。**

「いつでもいいと言っていた書類の作成。いつできるんだ、お前は仕事が遅いな？　って何？」

「親会社から出向が来るので生え抜きは課長止まりとか、ヤル気がなくなる情報を言うなよ」

「忙しいのに、また自慢話かよ、オチを先に言うぞ」などと、イヤな気持ちになっても腐らない。上司に恵まれなくても**自己成長だけは続けていく。**

自分が上司になったら、「いつでもいい」などの抽象的な言葉を使わず「3時まで」など、具体的な数字を使って指示するようにしよう！

自分が上司になったら「生え抜きで一番最初に役員になる！」って部下に宣言しよう。

自慢話はつい言ってしまいがち。何年も一緒にいれば同じ話をしているはず。過去の自慢話、武勇伝なんて、あのときの自分のように部下も聞きたくない。建設的な未来の話をしよう！

ダメ上司の言動も捉え方によっては、自己成長に変えることができます。

腐ったミカンのなかにいると周りのミカンも腐ります。でもあなたは腐ってはいけない。転勤、転職、出向、独立、人生は何があるか分かりません。最高級のミカンで光り輝き続ける。日々成長、どんなことも学びに変える。そんな姿勢が重要です。

MEMO

第4章

テクニックゲーム

01

集中するために、1つにまとめよう！

小口現金制度仕事術

LEVEL：02

会計には、「小口現金制度」という制度があります。あなたは経理のプロとして建設会社に配属されたと思って下さい。

「よしバリバリ働くぞ」とワイシャツをまくり上げたら、「すいません！　切手を買うので840円下さい」と営業部に言われます。

「はい。840円ですね」と金庫からお金を取り出し渡します。

気合を入れ直しネクタイを締め直したら、「鉛筆を買うから220円下さい」と積算部に言われます。

「はい、220円」とお金を渡し、指サックをはめ、資金繰り表の資料をハイスピードでめくっていると、「ハガキを買ったので……」と総務部から、「部長のタクシー代を……」と工事部から、「新聞代下さい」と社長秘書から……。集中ゾーンに入る手前で各部署のメンバーが話かけてくる。

結果、「あぁ、コーヒーでも淹れてこよう！」とやる気も集中力も奪われます。

経理のプロなのに重要なことができない。雑多な小口現金の支払いで邪魔が入る。特に社員がたくさんいる会社は、このような悩みを抱えています。そこで考え出されたのが小口現金制度。各部署に1カ月で使うと予想される経費代金数万円を先に渡します。渡された部署では、発生した経費の支払いを部署内で済ませます。10月末、経理のプロであるあなたに支出した明細を持ってきます。もちろん「可愛いからミニクーパーを買っちゃった～」とか「六本木の土地を買いました」など、高額なものは認められません。ノートやボールペン、バス代、切手などの小口の経費のみです。例えば、10月1日に3万円を営業部に渡し、月末までに2万円分を使ったら、同額の2万円を10月31日に補充する。そうすると11月も3万円の小口現金でスタートできます。

するとどうでしょう！　今まで毎日のように押し寄せて来ていた総務部、工事部、営業部、積算部、情報システム部、企画部……が1カ月に1回だけ清算しにきて終わりです。

静かな日常が戻りました。経理のプロが本来行いたい資金繰りや財務分析の仕事に集中することができるのです。

あなたの会社でも、小口現金制度を取り入れてみてください。そしてあなた自身も真似してみて下さい。領収書や仮払いの精算は、その都度じゃなく1カ月まとめて行う。急ぎじゃない小さな相談はまとめて受ける。メールの返信はその都度ではなく朝9時、13時、15時、終業時など決まった時間にまとめて返す。名づけて小口現金制度仕事術。**雑多な仕事や相談、問い合わせを一定時間シャットアウトすることで、重要な仕事に集中することができます。**

02

頂点仕事術

狭い範囲で一番を狙おう！

LEVEL：04

「何でも良いから一番になりなさい」。よく耳にする言葉です。

同時に「一番になんて簡単になれない。仮になっても何も変わらない」という意見も耳にします。

どちらが正しいのか？

私の経験から言えば、**一番になれます。そして一番になれば環境が変わります。**

まずは、**一番の基準**をどこに置くかです。世界一なのか日本一なのか東京一なのか。私が、住んでいた北海道には、「宇宙一の大浴場」がありました。宇宙に風呂は無いから、世界一と名乗っても宇宙一と名乗っても同じです。より大きな宇宙一を名乗るなんて、発想が素晴らしいと子どもながらに感心したのを覚えています。

続けて東京一、港区一、品川一、品川何丁目一……範囲を狭めていけば狭めるほど一番になる確率も増えていきます。最終的には会社一から担当部署一まで狭めていく。

私が一番になったのは、北海道から埼玉に転勤した年。当時25歳。20代で埼玉に転勤するのは創業50年で初めてでした。同僚や上司は全員40代。20代1人に残りは全員40代。クラス会だと40代の先生1人に20代の大勢の教え子ですが、この部署は逆バージョン。そして実務的能力や経験では、40代には20代の私は絶対に勝てないと思っていました。

そのとき、私と一緒に新しい部署に仲間入りしたのがテプラ（ラベルライター）でした。エクセルもワードも普及していない時代。フロアには1台しかないデスクトップパソコン。そんな時代に小さいながらもパソコンのような形態をしたテプラが登場したのです。日々の仕事に追われ、忙しい先輩たち。少しでも貢献しようと、テプラの使い方を覚えようと考えました。その日の夜に残業。残業というより徹夜でした。隅から隅までマニュアルを読みこなしサイズや縦書き横書きなどもマスターし実践に実践を重ね、**テプラについてはこの部署では誰にも負けない一番になったのです。**

手書きからテプラへ。看板やアルバムの文字が一気にテプラのラベルに変わっていきました。そして**先輩という人種は、後輩が面倒なことを知っていれば頼もうとする傾向にあります。**

テプラは簡単に利用できますが、触ったことのない人には、簡単か難しいかも分からない。当時、ネットも普及していないのでテプラの情報も入らない。日々の仕事に追われている身では知っている後輩に頼んだほうが楽なのです。その日からテプラは私の独占業務になりました。簡単な作業も「う〜〜ん」と首を傾げ、さも難しそうに振る舞います。

大変な作業だと思われれば思われるほど、威圧的だった先輩も嫌味を言っていた上司も若干優しくなります。**テプラについては私に頼むしかないという弱みがあるからです。**
「そんな小さなことで」と思うでしょうが、会社での自分の立場が変わったのは確かです。このことに味をしめた私は、その後に開発された社内独自のソフトも誰にも触らせないで、自分1人で本社とやり取りをしました。表向きは「先輩たちは忙しいので自分が窓口になります」という名目です。従業員の登録からはじまり、最終的には送金などの主要業務まで私しかできなくなったのです。

実務経験では15年以上差がある先輩たち。会計全般については教えて頂く立場でした。しかし埼玉支店という小さな場所まで範囲を絞り、さらにテプラというニッチなもので一番になることで、一目置かれる存在になれたのです。

一番は、一目置かれる存在、気を使われる存在、さらにあなた自身の自信にもなる。小さなことでいいから、まずは一番になることが重要なのです。頂点を極める頂点仕事術。あなたの一番を作ってください。

取引先 株式会
終わった～
お疲れ様ですー
今日はありがとうございました
まずは第一歩だな！
セミナーを紹介して反応を見よう
あの…私、役に立ててますか？
今日だって、私、名刺交換して横に座ってただけですから
ろくに営業トークもできないし、売り上げもまだゼロだし…
それでいいよ？
どよん…
どうしたの!?
白鳥は入社して何年になる？
え～と
今年の4月で1年だから10か月です
なんだまだ1年経ってないんだっけ
そりゃ当然だよこれから学んでいけばいい
OPEN
みんなそう言うんですけど、どこから何を頑張ればいいのかわからなくて…

うぅ〜
お茶でもしていこうか
OFFEE
さて、何に悩んでいるの?
私、役に立てていない感じがして
この仕事に向いてるのかなって思うようになってきました…
なるほど〜
白鳥は、何を目指しているの?
今は、1円でも売り上げることです
1円も売れてないケド
それもいいんだけど、何でもいいから1番になってもらいたいな
1番なんてとんでもない!
ええー
売上で1番になれって言ってるわけじゃないよ
仕事でどんなことが得意?
え〜と…
思いつかないです…
あったら悩んでない〜

PowerPoint得意だよね？小松課長の資料をよく手伝ってるし
あっでもまだまだですよ〜
じゃ、PowerPointで営業部の1番になればいいよ！
営業部 PowerPoint グランプリ
パワポですか…？
誰よりもわかりやすい資料を作れるようになれば、営業としてすごい武器になるぞ
さすが 白鳥さん!!
パワポお願いします
小松課長パソコン苦手なんだよね
そうなれば、他の部員もPowerPointについて白鳥を頼りにするだろうし
いいですねそれ!!
出来ないことを嘆くよりも、できることを伸ばしたほうが近道になることもある
進めるぞ──
進めない…
そうすれば、結果は必ず付いてくるよ
がんばろ〜
まずは、小さなことで1番になること…ですね
ケーキも頼んでいいですか？
元気になったね〜
menu

03 掛け合わせNo.1仕事術

2つ以上のスキルを掛け合わせて最強になろう！

LEVEL：04

前節の「頂点仕事術」。私の武器は、テプラそして神風のように登場した社内ソフトでした。そんな幸運があなたの目の前に現れるかは分かりません。英語なら加藤さん、簿記なら吉田さん、ネット関係なら鈴木さん、早起きなら土井さんというように、担当部署内でも一番になるのは困難な場合もあります。そんな時は**掛け合わせてナンバーワン**になるのです。あなたの持っている得意分野と、これから取得するキャリアを掛け合わせることによって、他の人にはない、あなただけのオリジナルの価値を見つけ出す。

例えば、あなたが経理を担当していて、日商簿記2級も取得している。得意分野だけど、経理一筋の先輩たちや、1級を取得している部長よりは、実務経験が浅く専門性も低い。そこで、英語学校に通って、ＴＯＥＩＣで８００点以上取ることを目指す。経理の知識だけなら詳しい人は大勢いる、英語も自分より流暢な人はいる。しかし、**経理の知識を英語で正確に説明できる人材はいない。**

このように**「英語×簿記」など、スキルを掛け合わせることで、一番になることが出来る**のです。

ただし「掛け合わせオンリーワン」にも注意すべき点があります。

経理も英語も中途半端では、オンリーワンにはなれません。どちらも中途半端な人材を企業は必要とはしないからです。「経理は一般的知識でもいいから、英語で語れることが重要だ」、「英語は通じるレベルでも経理の知識は完璧でなくてはならない」、というように実際のニーズは企業がどちらに力点を置くかによって分かれます。

経理が核なら、前者のニーズには合いませんが、後者のニーズは満たします。後者の企業でオンリーワンの価値を発揮することができるのです。

どちらかが中途半端過ぎても、ニーズを満たすことができません。例えば、経理のレベルが5で、英語力が2なら、5×2で10の力を発揮できます。しかし英語力が一定の水準に達していない0.6だと、掛け合わせると5×0.6で3に減ってしまうからです。

中途半端な語学力なのに通訳を介さずに対応し、トラブルになる可能性もあります。一方がスペシャリストで、もう一方も一定の水準になるまで鍛える。あなたの可能性を広げ、目標を実現していく方法として、掛け合わせオンリーワンになれる手段がないか考えてみて下さい。

現場施工×経理、営業×ＩＴ、中国語×英語、コーチング×講師など、ナンバーワンを狙える掛け合わせは、無数にあります。

04

書類は読むか？　読む日を決める！　やり抜く力が重要です！

一期一会仕事術

LEVEL : 02

石川流、書類の処理の仕方は、書類箱をひっくり返しひとつずつ確認します。

例えば、有給休暇届を確認したら上司に回覧。広告やチラシ、カタログは読み終えたら次の人に回すか捨てるか書庫などに保管。名刺は飛び込み営業などでもう会う予定がないならシュレッター、今後も会う予定なら名刺フォルダーへ。領収書は清算。

来月10日に開催される社会保険の説明会の案内。はじめて見たときは日付の箇所を黄色のマーカーで塗り（コピーしたとき黄色は写らないため）、同時にスケジュール帳に説明会の日程を記入し書類箱に戻します。説明会が来る日までは、書類箱をひっくり返すたびに確認しなければなりません。面倒だと思うかもしれませんが、日付を黄色のマーカーで塗った書類は、日付だけ見ればいいので0．8秒ぐらいで移動ができます。

今読んで処理できそうな書類は読みきって書類保管庫や次の回覧先に回します。ここで「やってはいけない」のが、**途中まで読んで書類箱に戻すこと**です。

その書類はどうなるか？　明日も最初から読み直すことになります。最悪、明日も途中まで読んで挫折。途中まで読んだ時間が何も意味を持たないことになるのです。

書類は読んだら読み切って処理する。読めないなら読む日を決める。その二者択一です。

挫折しそうになったら、なぜ読めないか自問自答してください。「本当に読めないのか？　読む時間が無いのか？　それとも面倒なだけか？　面倒で先延ばしする気なら読め！　読み切れ!!」

理由がないなら読み切る。

一度あったら二度とあわない気持ちで処理するので「一期一会仕事術」。生涯に一度限り、一回しかこの書類とはあわないと決めて処理をする。3時から始まる会議の資料を作るのが最優先、新幹線の時間に間に合わないなど、他に優先順位の高い仕事や緊急な仕事で読めないなら、何月何日と日付を書いたメモ紙をクリアフォルダに挟んで書類箱に戻す。書類は、**読み切り処理することが重要**です。

メールも同じです。返信するか、返信する日を決めるか二者択一。

私は、仕事ができる人とできない人の差は、微差だと考えています。その差は、問題に直面したときに、やるか、やらないか、**やり切る力がその差に表れるのです。**

05

LEVEL : 03

永久脱毛仕事術

無敵のテクニック！ やらないことを決める！

仕事を速くする方法はたくさんあります。ブラインドタッチ、速読、速聴などテクニックを磨く。セミナーやビジネス書からコンテンツを取り入れ実践する。先輩や上司を真似て効率化する。

しかしどれだけ極めても全くかなわない無敵のテクニックがあります。

仕事に時間をかけない最強最速の手段！

それは、**「やらない」**。

どれだけ仕事を速く片付ける技があっても、これには敵《かな》いません。だって**仕事時間は0秒だから**。仕事に「やらない」を取り入れたら一気に時間は作れます。

例えば、今まで使っていた3千円の電気カミソリから、2万円の高性能のモノに替えたら剃る時間が5分も短縮した。朝の忙しい時間を毎朝5分も短縮できたら、かなり効率的です。しかし剃らなければ、毎朝0秒です。

高級なドライタオルで髪を拭き、高性能なドライヤーで髪を乾かすと、時間は短縮できます。

しかし乾かさなければ、毎朝0秒です。

私はどちらも実行しています。髭を剃らず、髪も乾かしません。週に2回ほど夜に髭を整えますが朝は剃ることはありません。朝5時にシャワーに入り7時30分まで勉強や執筆をしているうちに髪が乾くのでドライヤーもかけません。

もちろん職場で髭を伸ばせないので無理！　という方もいるでしょう。私の知っている仕事の速い人は「髭の永久脱毛」をしている人が思い浮かべるだけで10名以上はいます。永久脱毛することで剃るという無駄な習慣をゼロにしているのです。

鼻が詰まって集中できないので手術をしたという人もいます。集中できる時間をお金で買って、鼻をかむ時間をなくしたのです。

「やらない」は、究極の仕事術なのです。これで仕事は一気に速くなります。

今から17年前。転職した建設会社では、「原価計算報告書」という書類を、会計ソフトで出力した後、エクセルに打ち直しカラーで出力して役員に回覧していました。「なんて無駄な作業を……」と思っていた私は、その業務の担当になったのを機に、会計ソフトから出力されたままの書類を役員に回覧しました。1か月、2か月、3か月……何ヶ月経っても文句を言ってくる役員はゼロでした。よくよく聞くと、以前、事務員が時間を持て余していた時代にやりはじめた慣習が、多忙になったあとも残っていただけの「やらなくてもよい業務」だったのです。

お客様見込み情報という、見込み客の「代表取締役の氏名」「資本金」「営業品目」などを記入したファイルもありました。「その会社のホームページをプリントアウトしてファイリングし、正式にお客様になったら必要な情報を書き込めばよいのでは？」と提案したら、すぐに採用されました。聞けば、このファイルもネット環境が整っていなかった時代からの慣習で、気づかず続けていたのだそうです。

誰も無駄だと思って無駄なことを続けているわけではないのです。気がつかないので続けているのです。では、どうしたら気づき、改善できるのか。有効な方法は次の３つです。

１．ビジネス書を読む。セミナーに参加する

時間術、コミュニケーション術、リーダー論など、会社での課題解決には最高のパートナーです。

２．異業種交流会、同業他社との意見交換に参加する

私も可能な限り、参加しています。各社で違った方法で時間効率や残業削減の取り組みをしており、情報交換することで互いの会社にメリットがあります。

３．転職者の意見に耳を傾け、新入社員の話を否定しないで聞く

転職者は、転職先の良い点も悪い点もよく見えますが（私もそうでしたが）、反感を恐れて、なかなか自分からは改善方法を指摘できません。こちらから以前の職場との違いを聞いてみましょう。

新入社員は、古参社員に見えなくなった慣習を見つけ出してくれます。常識がないと思う話をすることもありますが、否定せずに話を聞き、受け入れられる箇所は受け入れましょう。

新入社員全員から、課長にご提案があります！
なんだ改まって
金曜日の朝礼の時に、売上推移をグラフにした模造紙を貼りだすのを止めたいんです
それはどうだろうな…難しいかもな…
うーん
どうして売上推移をグラフに書き出すのかわかるか？
えっと…
新入社員に売り上げの推移を認識してもらうためですか？
それに、新人全員で作業してもらうことで、チームワークを学んでもらうためでもある
それもわかります
でも、時間がかかり過ぎるんです
木曜日の夜に、通常業務を全員が終えてから売上データを集計して、模造紙に書き写すんです
また定時過ぎた…
どれくらい時間がかかるんだ？
3～4時間くらいです
それを使うのは朝礼の数分間だけですし…
ムダが多いと思います！
だがあれは、わかりやすいし、みんなの役に立ってると思うぞ
う～ん…

エクセルで営業推移表とグラフを作るだけなら30分で終わります
あの…
それをプリントアウトして、朝礼時に配れば効果は同じだと思います
う〜ん…
提案してみるが、あれは営業部の伝統だからな…
課長、新人たちが言っていること、結構正しいと思いますよ
8人、2時間半のコストがカットできて翌日の疲れも軽減できますし…
う〜〜ん…
俺が同意しても部長や次長が同意してくれるかどうか…
エクセルデータは繰り返し使えますし、売上推移のデータは、新人同士で共有させるように指導しましょう！
う〜〜ん
でも、俺一人では決められないな〜
どうしたの？
あっ部長
新人が朝礼の模造紙を止めたいといってきていまして
どうして？
時間がかかる上に、メリットがあまりないからです
ドキドキ

新入社員の親交を深めるためだが、そうはなっていないわけだな？
フム…
部長ー!!
彼らの言うことには一理あると思います
代替案はあるのか？
はいっ
模造紙の代わりに、エクセルで作成した推移表とグラフを朝礼で配布して発表したいと思います
じゃ今週の金曜日からそれでいこう
よろしくね！
その代わり、営業推移のデータを確認して、全員で発表すること
はいっ
勇気をもってよく言ってくれたね
非効率的な業務があれば上司に言うように
ホ…
ありがとうございます
コストを削減して仕事のスピードを一気に上げるには、不要な仕事を「やめる」ことが一番ですね!!
なんでお前がドヤ顔なんだ…

MEMO

第5章

ノートゲーム

01

やることが全て一箇所にある安心感！

一極集中仕事術

LEVEL : 02

私は毎日の習慣として、「やること」を全てノートに書いています。「やること」と書いたのは仕事のみならずプライベートなことまで、どんどん書き出すからです。名づけて、「やることノート」！（ひねりなし）。

「やることノート」には、その日にやるすべてのことが載っている状態にします。何よりも大切なのは、**今日やることが全部、そこにまとまっている**点です。

仮に、バラバラだったらどうでしょう？

スマホのメモ機能には、「昨日、自宅で閃いたアイディア」が記録されている。

メモ紙がなかったので財布に入っていたレシートに、会議の日程が書かれてある。

パソコンの両サイドの黄色の付箋《ふせん》紙には、急ぎの仕事、人から頼まれている仕事が貼りだされている。パソコンの下には3か月以上前に貼りつけた付箋紙が剥がれ落ちている。

デスクと透明なマットの間には、午後に電話をする相手の名刺がある。

そして、頭のなかには家族に頼まれた、「会社帰りにスーパーで買って帰る夕飯の食材」という最重要ミッション（笑）が記憶されている……。

考えただけで、もうストレスで押しつぶされそうになりませんか？

そんな状況だと、目の前の仕事に集中できません。

もちろん忘れてはいけないことを一時的にスマホのメモ機能に入れたり、レシートに書いたりするなどは問題ありません。書いたら放置せず、やることノートに書き写すことが重要なんです。

「やることノート」には、やるべきことがすべて書いてある。ここに書いてあることをやれば、今日やることはすべて終わるという安心感。やることを一極集中させるのです。

真っ暗なトンネルを歩いていて、先が見えないと不安ですよね。たとえ10メートル先に出口があったとしても、その出口が見えないと不安です。一方、たとえ100メートル先であっても、光が差し込んでいる出口が見えていれば、安心して歩き続けることができます。

今日、どれだけのことを行えば終わるのか分からなければ、出口の見えないトンネルをさまよっているのと同じです。スマホのメモ機能の～、財布にあるレシートに書いた～、パソコンの両サイドに貼ってある～あれもやらなきゃ、これもやらなきゃ、不安なまま仕事をしなくてはなりません。

逆に、「今日やるべきこと」が、1冊のノートに「見える化」されていれば、あとはそれを淡々とこなしていくのみ！

仕事以外のプライベートなこと。例えば、「公共料金をコンビニで払うこと」も、「ハガキをポストに入れて帰宅すること」も、すべて「やることノート」に書き出してください。

帰宅途中に行うことや、自宅で行うことは、帰社前にノートからメモ帳に書き写すかスマホで写真を撮って、実行すればいいのです。

ノートに書いた瞬間から、忘れても大丈夫になり、目の前の仕事に集中できます。仕事中は雑多なことは忘れ、帰り際にノートを見返せば、うっかり卵を買い忘れて、すき焼きを用意して待っている家族から冷たい目で見られることもなくなります。

「やることノート」は、前日の夜や仕事をはじめる朝に書くだけではなく、思い出すたびにその都度、追加していきます。上司に指示されたことや部下に任せる仕事も思い浮かんだら、すぐに書き加える。**やり終えたらタスクは、赤丸をつけて任務完了。赤丸がどんどん増えていくのを見ると、一種の征服感すらあります。**仕事をやり遂げたという達成感も生まれ、仕事が楽しくなります。

どこやったかな〜？
あれ〜
どうした？
お客さんの電話番号をレシートの裏に書いたんですけど、どっかいっちゃったんです
電話しなきゃなのに〜
そういうのはメモに書いたほうがいいぞ
ないーっ
はい…
レシートの裏って…
今日のランチおいしかったな
さて…
ん!?あ〜
今度は何？
もう1時過ぎてる
1時半からアポイント入ってるんでした！
ひ〜チコク！
すいませんいってきます！
ガターン
ハァ…
名刺忘れた あーもう！
バタバタ
もう帰ってきた!?

ハァ…
お、凜ちゃん、今日はまた一段と落ち込んでるねぇ
わっ
そうなんです～…聞いてくださいよ～
どよん
電話できず…
まず、朝にお客さんの電話番号を書いたレシートをなくしちゃったんですよ
で、結局見つからず
次に、お客さんとのアポイントを忘れてて、5分遅刻しました
あれ？判堂のお団子は～？
スイマセン…
ハー
さらに、達人さんから頼まれてた買い物を忘れて帰ってきちゃったんです
ブッ
今日は本当サイテー
散々だったね
メモにちゃんと書かないと
メモはとってるんです…
いえ…
ププ…
メモを読む習慣がないとか？
エ…？
キリッ
どこに書いたのかわからなくなるんです…

いろんなところにメモするってこと？
貼りすぎ…
パソコンに付せんで貼ったり
手帳に書いたりレシートの裏とか…
そうです…
そっそれは…
メモを１か所にまとめるしかないね
レシートの裏？
別のところにメモをしても、忘れない間に１か所に書き写すことだね
やったら
で、やり終えたタスクを赤で消していけば、やり残しすることもないし
Check
ですよね〜
そういうメモの方法を一極集中仕事術っていうんだよ
それ今考えましたね〜？
バレた？
メモはこのノートにまとめてみます
それがいいよ整理して書こうとすると続かないから、気楽にね〜
ありがとうございます！
元気になったね〜
NOTE

02

LEVEL：03

私だけが知っている仕事術

記号、略語で時間短縮しよう！

資格の大原で、17年間、日商簿記3級の講座を受け持っていました。授業に出席し、宿題をこなし、予習復習を繰り返せば、合格レベルに達することができます。しかし合格レベルに達したからといって合格できるとは限りません。

なぜか？

それは2時間という制限時間があるからです。どれだけ知識が豊富で100点を取れる実力があっても、2時間という限られた時間の中で70点の正解を答案用紙に書き出さなければ合格はできないのです。

期限付きの仕事も同じです。どれだけ完璧な資料を作っても、期限内に提出しないと意味がありません。期限内にいかに完成度の高い仕事をするかが重要です。

では、限られた時間内で終わらせるには、どうすればよいのか？

試験では、計算用紙が与えられます。計算や仕訳を行なうのに自由に使ってよいメモ用紙です。

回収されないので、綺麗、汚い、合っている、合っていないは関係ありません。自分が分かる範囲で略しても構わないのです。それなのに受講生の計算用紙の使い方をみると「機械装置減価償却累計額」「償却債権取立益」「貸倒引当金戻入」などと丁寧に書いているのです。これらの字を手書きで書くことを想像してみて下さい。いや出来れば書いてみてください（笑）。２時間という限られた時間の中で70点を取らなければならない試験です。制限時間は刻々と迫ってきます。回収されない計算用紙に丁寧に正式名称を書いても意味がありません。

ここで必要なのは略字です。私の受験生時代。計算用紙は、自分しか判別できない略語・記号で埋まっていました。例えば「現金」ならキャッシュの「C」。その後、預金、建物、備品と英語に直そうと試みましたが……何一つ英単語が思い浮かばない。英語が弱い私には無理でした。そこでローマ字読みの頭文字作戦に切り替え、預金はYOKINの「Y」、建物はTATEMONOの「T」、備品はBIHINの「B」……と略して書いたのです。

現金で備品を購入は、「C⬇B」で終わりです。さらに簿記では毎回必ず出題される「仕入」や「繰越商品」。仕入は「・」、繰越商品は「・・」で済ませました。かなりの時間短縮です。

集計するときも視覚化でき間違いづらく、楽なのです。現金の金額を集計するとき、「現金」と「預金」など似ていて見づらく、見落としたり、預金を含めてしまう場合もあります。「現金」を拾い集めるより「C」を拾い集めて集計するほうが楽で、しかも間違う比率も少ないのです。略語・

記号は、ケアレスミスを無くし、かつ試験を速く終わらせるコツなのです。

あなたのノートやスケジュール帳も、記号や略語を使ってみてください。例えば、社長の場合は「Ｓ」、副社長は「ＦＳ」、部長は「Ｂ」、課長は「Ｋ」など。自分のルールで略語を作り、書き込むのです。

「社長とＳでは、ほんの数秒の違いじゃないか」と言われそうですが、**数秒の積み重ねが「分」になり「時間」になり、やがて「１日分」になります。**部長、課長など「長」だらけの役職名を書くよりも、見やすいので見間違えることもありません。課長（Ｋ）と赤羽（Ａ）の現場（Ｇ）にパトロール（Ｐ）する場合には、「ＫＡＧＰ」で済むのです。

記号や略語は、正式名称を使うより余白も増えて、より多く書き込めます。さらに色分けすることで、正確性、スピード性をアップさせます。私の場合は、青色は建設会社関係、赤色が税理士業務、大学講師関係、緑色はプライベート、黒色はセミナーというように四色ボールペンを使って色分けしています。未定や仮予約は消せるように鉛筆書きにしています。記号だと万一紛失しても、何が書いてあるかは、私だけしか分からないのでセキュリティーもバッチリです。

時間効率、見やすさ、セキュリティーが備わった「私だけが知っている仕事術」をぜひお試しください。

会議室
やっと休憩〜
おつかれ〜
5年目研修だっけ？…
そうなんです
3時間ぶっ通しの講義でフラフラっす
コーヒーおごるよ
今回の研修では、研修内容をレポートしなきゃいけないいんですよ
あざーす
フーッ
大変だな
俺たちのときはそんなのなかったけどな
で、研修の内容がやたらと専門的で、専門用語だらけなんすよ
メモしようとしているんですが書き起こしてる最中にどんどん進んじゃって追いつかなくて
なかったなんてイイナ〜
スマホで講義を録音したら？
録音NGなんすよ
それがOKならこんなに苦労しなくていいのにー
クワッ
まぁ、研修だからな
だから、内容も半分くらいしか理解できてなくて…
どぉしましょ〜
研修はまだ続くのか？
これから後3時間あります
長いねぇ
それじゃ、とっておきのテクニックを教えてあげよう！
フッフッフ
えっ!!
そんなのあるんですか？

多少慣れが必要だけど、やってみる価値はあるよ
救世主キター!!
教えてくださ〜い
よく出てくるキーワードを暗号化するんだよ
とれるな〜
どういうコト…
例えば、こんな風に、メモを取る際に頻繁に出てくるワードを簡略化するんだ
営業＝E
売上＝U
漢字で書くと時間がかかるからね
その間に、話が先に進んでしまうだろ？
ローマ字なんすね？
Sales じゃないのか
DRINK
そう！暗号化はローマ字表記の頭文字にするのがいいよ
営業＝eigyou
E
英単語に置き換えるとかっこいいけど、全部置き換えられるとは限らないだろ？
あ〜…
ハハハハ…
そうかも〜

ワードを暗号化すると、メモをすばやく書けるし、楽になるよ
その分 研修に集中できるだろ
なるほど！
さらさら〜
メモを取るときの漢字と暗号の差は、ほんの数秒だけど、その積み重ねが時間的な余裕につながるんだよ
忘れちゃったらマズイすね〜
でも、暗号の内容を覚えておかないとですね
そこがポイント！だから慣れが必要なんだ
e=営業
U=売上
K=企画
暗号メモ
メモの端に、暗号とその内容を書いておくといいよ
あと暗号化すると、メモのスペースの節約になるし、セキュリティもばっちりだしね
この暗号は…
これはちょっと高等テクニックだけど、メモの内容によって色分けすると便利なんだよ
colors
慣れたらやってみな〜
ありがとうございますこの後の研修で早速やってみます！
会議室
おーい
あっ始まっちゃう!!
暗号ノート
頑張れよ〜

03 写経仕事術

付箋《ふせん》では分からない！　書き写す屈辱で仕事が終わる！

LEVEL：01

「やることノートに書いた仕事はすべて終わらせるぞ！」と意気込んでも、急な来客やトラブル、部下からの声掛け、上司からの依頼で予定どおりに終わらないこともあります。その日に終わらなかった仕事は、次のページつまり翌日にやることを書くページに、書き写してください。

上記のようなアクシデントで終わらないなら、仕方ありません。しかし、好きな仕事、楽な仕事、円滑に進む仕事ばかりやって、イヤな仕事を先延ばしした場合。気が乗らない、頭を使うのはイヤだ、やり方が複雑で面倒だ。そのような理由で先延ばしをするのは問題です。そんなときには「写経仕事術」。

まず、その日に終わらなかった仕事に、青ペンでマルをつけます。終えた仕事に赤ペンでマルをつけるのとは意味がまったく異なります。**「やろうと思った仕事を終えられなかった」という屈辱感を忘れないための青マル**です。**屈辱の青**。青マルをつけることで「どのくらいの仕事を先延ばししたのか」を「見える化」するのです。すると今日中に終えられなかった仕事がこんなにあると視覚化でき、いい意味で焦りも生まれます。終わらなかった仕事を翌日のページに書き写すことは、反省にもつながります。昨日ノートに書いたように同じ仕事をもう一度書かなければいけないからです。先延ばしを繰り返すと、青マルや転記を何度も繰り返すことになります。するといい加減イヤになり、「今日こそ終えるぞ！」とプラス思考に変えることができるのです。

これが付箋との違いです。パソコンの両サイドに付箋を貼り、タスク管理をすると、脳が慣れてしまうそうです。オブジェかカレンダーのような感覚になり、罪悪感が生まれない。さらにノートではダメ押しのペナルティがあります。前節では、記号や略語で短縮する「私だけが知っている仕事術」を紹介しましたが、青マルのときは封印です。あえて**正式名称で翌日のページに書き写す**のです。営業年度終了報告書の作成なら、通常は「営年」と書きますが、行わなければ屈辱の青マルをつけ、翌日のページには「営業年度終了報告書の作成」と正式名称で書く。その日も先送りしたら青マルを付け、翌日のページに「営業年度終了報告書の作成」と手書きで書く。写経のように終わるまで書き移し続けるのです。

写経？　修行？　諸行？　無常？　繰り返し書く「写経仕事術」。写経のように毎日、毎日書き写していると、いい加減イヤになって、今日こそやろうという気になってきます。

LEVEL：02

04

徹底的に片付けよう！

ゴミ屋敷脱出仕事術

ノートには「今日の仕事内容」、「部下に指示する仕事」、「昨日の夜や朝起きて閃いた企画やアイディア」、「雑用」、「私用」など、やること全て書き込みますが、書類箱にある書類の内容は書き込みません。

「税務署からのお知らせ」
「忍者募集というチラシ」
「かなり修正しているのが分かる顔写真付きのキャバクラのパンフレット」
「信用できない所からきた信用調査のアンケート」などをノートに書き写すのは大変で手間がかかります。

書類の内容を全てノートに書き写せば、仕事を一箇所にまとめる目的は果たせますが、次から次へと回ってくる書類を書きうつすこと自体が時間の無駄になってしまいます。

書類は、書類箱に積み上げることで「見える化」します。

ただし書類箱に入っている書類でも、ノートに書かなければならない書類があります。**それは人に渡す書類**。書類箱には無造作に書類が積み上げられています。部下に渡す書類が何枚目にあり、また何件入っているかも分かりません。底に埋まっている書類を渡し忘れる可能性もあります。上司が外出先から戻ってきたら渡そうと思っていた書類も同様です。

これらの書類は、**渡さなければならないことを忘れてもいいように「やることノート」に書いておく**のです。これで目の前の仕事に集中できます。

書類箱に入っている優先順位の高い仕事もノートに書く。「今日どうしてもやる」という強い意志、そして自分との約束事としてノートに書く。終わらなければ毎回終わるまで書き続けなければならない写経仕事術（96Ｐ参照）のオマケつきです。

書類箱以前の問題ですが、あなたの机の上が、モノで埋もれていないかを確認して下さい。飲み終わったコーヒーの缶や、メガネをふいたティッシュ、塩分を摂取したくて食べた「柿の種」の袋、カップラーメンの「かやく袋」の切れはし、消しゴムの消しかす……これらは全てゴミ箱に捨てて下さい。それでもまだ机の上に残っているモノ。電話番号を書いたメモ紙、途中まで書いた書類、判子を押すだけの稟議書類など。

机の上以外にも、引き出しに入っているアイディアを書いた手帳の紙切れ、名刺入れに入れっぱなしの得意先の名刺、財布の中に入っている飲み屋の領収書も、全てＡ４のクリアファイルに入れて、書類箱へ移動する。

以前は重要な書類は赤、プライベートは緑、緊急は黄色、普通は透明のクリアファイルに入れていましたが、色分けすること自体が面倒なので、今は透明なクリアファイルに機械的に入れています。

何回警告しても片づけないゴミ屋敷の住民の家を、強制的に片付けていくイメージです。ゴミや雑誌を片付けていくうちに畳の表面が顔を出すように、筆記用具や書類を片付けることで机の表面が顔を出してくる。清々しい気持ちになります。

ゴミ以外の全ての書類を書類箱に集めたら書類箱をひっくり返す。ひっくり返せば、あとは一番上にある書類から黙々と内容を確認して処理していくのです。

私の机の上には、今、行っている仕事の資料と電話しかありません。ほかの仕事の資料を出しっぱなしにしない。ペン立ても置かない。書類箱も後方にあるキャスター付きワゴンの上に置いてあります。「これはデスクの上に本当に必要なのか？」と、自問自答し徹底的に簡素化しました。

追及した結果、箱型のティッシュも2番目の引き出しの中に入れることになりました。極限までデスクの上にモノを置かない。徹底的に片付けることで、目の前にある仕事だけに集中できます。

凛ちゃん、
プレゼン資料
できた？
あっできてます
え〜っと…
バサー
あちゃ〜
あっ
すみません！
見つけたら
持っていきます
バサ
バサ
そうだね
じゃ、お願い
やっちゃったねー
地震でもあったの？
うう…
恥ずか
しいー
この調子だと、
毎日書類を探すのに
時間かかって
るんじゃない？
よく分かりましたね…
ないな〜
これオレのじゃん…
ないと思ったら…
机、片付けよう！
せっかくだから、
デスクを
効率よく使う
テクニックを教えるよ

まず、仕事に関係ないものを徹底的に捨てること
なんで机の下にこんなに靴があるんだよ~
営業用とリラックス用と…
ダメです…？
お昼寝枕にかわいいお土産の箱…
+せんべい+
ポイ
ポイ
ゴミ
これだけでもだいぶ違って見えるよね
で、書類を全部書類箱に積み上げて
どさ
どさ
次に分類できていない書類やメモをとりあえずクリアファイルにまとめて
引き出しとか鞄の中にあるものも全部
それも書類箱に入れて
ハイッ!!
書類箱の書類を上から順番に内容を確認して処理していこう
え～とこれは…
これは処理するから…
メモメモっと
書類の処理は、メモをする必要はないよ
忘れちゃいそうなので…
書類の処理をいちいち書き留めていたら、それだけで時間を浪費してしまう
そんな時間があれば、書類を処理したほうが良いよ
そっか!

でも、人に渡す書類が出てきたら、それはメモすること
賢治さんに頼まれた資料あった〜
これはメモね！
そしたら、その書類を渡すことを忘れて仕事に集中できるからね
最後にデスクの上にあるものをひとつひとつ、本当に必要なモノかどうかを検証する
同じの何個もいらないよね？
返してきます…
デスクの上は、出来る限りモノを置かないようにしたほうが良いよ
やっと片付いた
これをキープしなきゃですね
わ〜
書類はすばやく処理する
デスクの上に物を置かない
この2点を守っていればキープできるよ
仕事に追いかけられていると、片付ける余裕がなくなるから仕事はできるだけすばやく処理すること！
ハイ
ありがとうございます!!
賢治さんに頼まれた書類、渡してきます！
すごい量…
ゴミ
ゴミ
ゴミ
ゴミ

05

陣地を奪って征服感を味わおう！

信長の野望仕事術

LEVEL：03

私のノート術はとてもシンプルです。

やることを全て書き出して、終わったら赤丸をつける。基本はそれだけです。しかしこの赤丸はとてつもない威力を発揮します。

仕事が遅くなる要因の一つは、達成感がなくモチベーションが上がらない点にあります。全体の仕事量がどのくらいで、現時点ではどのくらいまで到達しているかがわからないと、達成感がわきません。

どこにあるのかわからない目的地に向かって歩き続けるようなものです。

目的地までの距離が10㎞で、今は５㎞地点を過ぎたなど達成した仕事の量を「見える化」できれば、「よしもう折り返し地点まで来たぞ」とやる気が出ます。

終えた仕事に赤の○をつけるのは、達成した仕事と残っている仕事を「見える化」するためです。○をつけることはゲームのようなご褒美感覚もあります。仕事を終えても何も起こらないとモ

チベーションはわきませんが、ご褒美が待っているとやる気が出る。スタンプラリーのように赤◯をつけていくことは、ご褒美としての側面もあるのです。

やることノートを応用して、さらにイヤな仕事にゲーム感覚を取り入れます。例えば、膨大な量の事業年度終了報告書の作成。つい後回しにしたくなります。資料も膨大で最初の一歩が踏み出せません。そんなときには、「事業年度終了報告書攻略大作戦！」と名づけて、エクセルで表を作ります。作成に必要な項目を全て表の中に細かく書き出すのです。細かければ細かいほど良いです。読まなければならない手引きの１ページから１００ページまで、集める資料の内容も書き写します。

報告書を作成するために必要な全ての項目を細分化してエクセルの表に書き込み、ゲーム（仕事）をスタートさせます。終わったところから順に色を塗っていくのです。仮に１００項目あって、40項目終われば40％制覇、77項目なら77％制覇。達成感が満たされ、さらに征服欲も満たされます。織田信長になった気分で、未開の地を占領するように終わった部分を自分の好きな色で塗っていく。白い部分が、自分の好きな色に染まっていく。それを眺めるだけで占領した土地の地図を見るかのような征服感に包まれるのです。

「歴史シミュレーション」というゲームのジャンルを確立させた大ヒットシリーズ「信長の野望」をリスペクトして、そのままですが「信長の野望仕事術」。　膨大な量のある大変な仕事などにぜひ活用してみてください。

MEMO

第6章

究極ゲーム

01

ホラー映画仕事術

恐怖で足がすくんでも、考えないでまず動こう！

LEVEL：02

大変そう、面倒そう、難しそう。そんな気持ちになって、手がつけられない仕事があります。最初の一歩が踏み出せない。本書にある様々な仕事術を駆使して行う方法もありますが、最終手段！　**何も考えずにはじめるのです。**名づけて「ホラー映画仕事術」。

私はホラー映画が大好きです。毎月3本は観ています。しかし真剣に観てしまうと、いろいろな矛盾に気がつきます。

「なぜ、人ひとり死んでいるのに、みんなバラバラに行動するんだ！」

「なぜ、結構なピンチなのにアメリカンジョークが言える！」

「なぜ、『モンスターがいる』とヒロインが言っているのに、みんな鼻で笑って信じない」

「なぜ、モンスターに追われているとき、車のカギが、エンジンの差し込み口に入らずに落ちてしまう」

「差し込み口に入っても、今度は『キュルキュルキュルキュル』『キュルキュルキュルキュル』って、エンジンがかからない」

「関係ないけど、かからない時のヒロインの叫び声が『カモンカモン』ではなく『キャモンキャモン』って聞こえる」

「なぜ、かなりの時間、振り向かない」

「なぜか、扉の近くには、ソファや机があって、ギリ、モンスターの侵入をギリ防げてしまう」

「警察に電話しても、なかなかつながらない」

「つながっても、交換手の態度が横柄、そして酔った学生の戯言《ざれごと》だと思って信じない」

「交換手が仕方なく見回りを頼んだ屈強な警官が現場に到着。のそのそと歩く警官の姿を窓から観て歓声をあげて喜ぶパリピたち。その前で、警官は一瞬でモンスターに惨殺されてしまう」

「屈強な警察官を一瞬で倒すモンスター相手に、華奢なヒロインが結構いい勝負ができてしまう」

「押し倒されて首を絞められているとき、なぜか手を伸ばすと鋭利なアイスピックが落ちている」

辻褄の合わない矛盾だらけの展開。考えながら見ているとバカらしくなります。

では、どうするか？

矛盾なんて考えない！　面倒なことを考えない！　ホラー映画は考えて観てはいけないんです。ストレス発散！　何も考えずにドキドキハラハラを楽しみながら観るのです。

難易度の高い仕事、面倒な仕事をはじめるときも同じです。

「まぁなんとかなるさ」と、何も考えずにはじめてみる。例えば、クマを輸入する（そんな仕事は滅多にありませんが、そこはそれこそ考えないで読んでください）。

この仕事をするためには、何時間もかかるし、沢山の提出書類が必要。北海道のクマ牧場に電話をして、嫌味をいう役所からクマ検査の許可をもらわなきゃならない。熊田課長のいつものダジャレ。「クマったな〜」「困ったベア〜」を笑わないと不機嫌になるから面倒だけど笑わなきゃ……。お土産には課長が大好きなシャケフレイクを持参して……そんなふうに先々のことを考えていたら、最初の一歩が踏み出せません。

綿密な計画を立ててからはじめるほうが良い仕事もあります。特に新規で行う仕事だと調査をしたり、情報収集が必要な場合もあります。しかし、**何度か行っているけど気乗りがしないので最初の一歩が踏み出せない。そんな面倒な仕事だからこそ、まず動く。**動いてみると意外と捗ったり、誰かが助けてくれたり、簡単に終わる場合もあります。映画にエンディングがあるように、その仕事にも必ずエンディングがあるのです。

ホラー映画を観るように、何も考えずにはじめてみるのもひとつの手です。

あっ課長！
午後からプレゼンだな
えらく緊張してるけど大丈夫か？
ガク
ガク
初めてのプレゼンなので色々不安で…
何が不安？
順番間違わないかなとか
声がちゃんと出るかなとか
忘れた…
あ…
言い間違いしないようにしないと、とか…
あとアレもコレも…
先方は、どなたがいらっしゃるんだ？
企画部部長
システム部部長
企画部の部長さんとシステム部の部長さんです
いきなり重いプレゼンだな…
他部署の部長たちか〜
プレッシャーかけないでくださいよー！
じゃ、気が楽になる話をしようか
白鳥は、ホラー映画、見る？
好きなんだよね〜
これとか観た!?
ホラー？
家族と一緒にいるときにしか見ません

ホラー映画って、矛盾だらけだろ？
モンスターが屈強な男をいとも簡単に斬殺するのに、か弱いヒロインが善戦したり、
何人も人が死んでる恐ろしい状況なのに恋に落ちたり…
キャ～～
本当ですね…モンスターが近づいてきてるのに、バラバラで行動したり…
ありえない…
怖いのに…
でも、そんなことまったく考えず、ホラー映画を楽しむだろ？
はい…
むしろ矛盾してるシーンがいいスパイスになってるかも
そんなトコ気にして観てなかったな～
ホラー映画は、考えずに観るからおもしろいんだよ
楽しむことに徹するからおもしろい!!だよね
ですね～！
はい！あのハラハラドキドキを楽しんでます
仕事も一緒なんだよ
それはどういう…
不安はあるだろうけど、それを全部解消しようとすると、一歩が踏み出せない
不安
不安
不安
不安
不安
う～ん
今、そんな感じです

まず、準備を万全にすること！それさえしたら、後は行動に移すのみ
プレゼンを楽しめ！
課長～、プレッシャーが増しました
そんな余裕は…
リハーサルはしたんだろ？
ペラペラペラー
もっとゆっくり！
家で何度も練習して、達人さんにも聞いてもらいました
それだけしたなら自信を持ちな！
それに、プレゼンにはうちからは誰が出る？
達人さんが来てくれる予定です
行くよ～
なんだそれなら心配ないだろ
トラブルがあっても達人が必ずフォローしてくれるよ
でも、迷惑をかけないようにしないと
あ～ドキドキする…
そこは頼ってもいいと思うぞ　むしろ、失敗してもいいから自信を持ってぶつかっていけ
そうだぞ～頼りにしてくれよ～
はいっ
がんばります!!
それに、そのプレゼン、俺も出ることになったから
えーっそれ最初に言って下さいよ～
気が楽になっただろ？
じゃあ後でなー

02 ルパン三世仕事術

ピンチこそが面白い！

LEVEL : 03

小学校低学年のころ「ルパン三世は、何度も再放送で見ているけど、一世、二世って見ないよな。タイミングが悪いなぁ〜」と思っていました。中学生になるまでには、一世、二世を見たいと小さな野望を抱いていました。

大人になってから見ても色褪せないルパン三世。考えたら当たり前。ルパン、次元、五エ門に不二子ちゃん、そして銭形警部。仲間からライバルまでキャラが立ち過ぎ。泥棒なのに主役。スマートで格好良くて背景もオシャレ。

そして、次元がルパンにいうセリフが「**ルパン！ 面白くなってきやがった**」

このセリフ。サスペンスドラマが後半部分に差し掛かってきたからでも、富士急ハイランドで「ええじゃないか」が上空から一気に降下するところだからでもないのです。

このセリフは、頭に拳銃を突きつけられていたり、監禁部屋で水責めにあっていたり、結構なピンチのときに言うのです。

つまりピンチこそがおもしろい。

テレビゲームでも、簡単にクリアできたら、おもしろくありません。小学校４年生のとき、駄々をこねて、こねて、こねまくって、寝言で「テ、テレビゲームが、ほ・し・い」とまで言って、やっと買ってもらったクリスマスプレゼントのテレビゲーム。一瞬でクリアしてしまい、正月を待たずして飽きてしまいました。

倒すのが難しい敵でも、工夫をし、自分の技を磨き、レベルアップを重ね、何度もチャレンジすることで倒せるようになる。それがゲームの醍醐味です。

仕事も同じです。なにかしらトラブルや問題が発生し、アイディアやチームワークで解決することが仕事の快感であり、仕事の醍醐味なのです。

ルーチンワーク、簡単な仕事、以前と同じ仕事ではピンチは訪れません。当たり前の仕事を当たり前に終えるだけなら、成長もありません。よくて現状維持です。

人が成長できるのは、ピンチを切り抜けたときです。何度も断られた銀行からの融資をやっと取りつけた！　ライバル会社のテリトリーに喰い込んで大型の契約を結ぶことができた！　何度もクレームを言ってくるお客様を笑顔にして帰すことができた！　そんなとき、周りから「凄いな〜」「よくやった」「お前のお陰で会社のピンチが救われた！」「本当にありがとう！」という言葉が出てくるのです。その言葉の積み重なりが、成長の証なのです。スキルアップし、その他大勢から抜け出し、キャリアアップするのです。

私も今まで幾度となくピンチにみまわれ、そのピンチを乗り越えてきました。乗り切ったその先に大きな成功が待っているのです。誰にでも出来る仕事のなかに成功は隠れていないのです。それは、誰にだって出来ることだし、やれて当たり前の仕事だから。

好きな歴史上の人物を思い浮かべてみてください。好きじゃなくても頭に浮かんだ人物でもかまいません。坂本龍馬、西郷隆盛、野口英世……名を残した人は、必ずピンチがありました。ピンチを乗り越えチャンスに変えたから、歴史に名を残す人物になっている。

あなたも仕事でピンチに陥ったら、「どうしてこんな目に遭わなければいけないんだ！」と悩むのではなく、あなたの心のなかにいる小っちゃい次元に「面白くなってきたじゃないか」と言わせてみてください。

ルパンたちが陥るピンチが致命的であるほどアニメは面白くなります。

あなたの人生は、あなたが主人公です。ルパン同様、仕事上のピンチが深刻であるほど、ドラマティックになります。

ピンチこそチャンス。ピンチと思える仕事のなかにこそ、成功は隠れている。ピンチに遭遇したときは、あなたもルパン三世仕事術。ニヤっと笑って「面白くなってきやがった」と言って、その仕事を倒していきましょう。

わっまた～
どうかした？
あ…お疲れ様です…
○△商事のプレゼンで、ロゴが別の会社のものになってたんです
これライバル社の名前だよね
プレゼン
先方はカンカンで…
内容そのものの評価はどうだったの？
内容自体は、それなりに評価されたと思うんですが…
じゃ、まだやりようがあるってこと？
やっちゃったね～
まだわかんないです
こういう局面では、「面白くなってきやがった」…でしょ？　達人さん
なんですかそれ？
だね～
おもしろくないですよ～
これはルパン三世の次元大介の言葉なんだけど…
ルパン三世…ですか？

ピンチに陥ると次元がこのセリフを言うんだよ
ルパンの車に手りゅう弾の雨が降るシーンとか
そして、必ず間一髪ピンチを切り抜けるんだよ
ロマンだねー
ピンチを楽しみながら越えていく、それこそがプロの腕の見せ所というわけだな
きゃっきゃっ
ポカ〜ン
ほら、欲しいと思ってたゲームをようやく手に入れても、かんたんにクリアできてしまうと、すぐに飽きちゃうよね？
まあ…そうですね
ルーチンワークはすぐに出来て失敗もしない
だけど、つまらないだろ？
眠くなるときはありますねー
ハハハ…
の失敗する
倒すのが難しい敵をアイテムを手に入れて経験値を上げて…
そしてようやく倒したときの、あの達成感
そう…ですねー
あれだよ

営業も、難しい局面を乗り越えて売り上げたときの達成感は半端ない
それに、たくさん工夫するから成長するしね
やった～!!
祝★目標達成
そうですよね！これくらいのミス、乗り越えないとですね…
よ～～し
そうそうその意気
アメリカのケネディ大統領も〝中国語で書くと、危機という言葉は二つの漢字でできている。ひとつは危険、もうひとつは好機である〟といってることだし
危険
危
好機
機
ピンチはチャンス！
いいチャンスになればいいね～
めげてる場合じゃない！とにかく先方の機嫌を直す方法を考えないと
えっと…精神論と言うか心構えはわかったんですが…
ん？
具体的なアドバイスをいただけたりしないんですか？
仕事戻るぞ～
この場合は、凛ちゃんがまず先方に謝るしかないよね
ですよね～

03 ルパン三世仕事術part2

先輩の仕事を盗みだせ！「真似《まね》ぶ」で学ぼう！

LEVEL：04

ピンチはチャンス。これはマインドの話です。では、どのようにピンチを乗り越えるべきでしょうか？

ここでもまた、ルパン三世に登場してもらいましょう。

ルパンの職業（？）は泥棒ですが、困難な仕事に直面したら、あなたもルパンのように泥棒になってください。

もちろん、あなたが盗むのは、会社の金庫に眠るお金……ではありません。

先輩や上司の仕事や行動を意図的に盗めばいいのです。

世の中の仕事には必ず前例があります。どんなに難しく見える仕事でも、必ず先人が行っている。

ロケットで火星に行く、という仕事を担当したとしましょう。

不可能に思えるミッションです。ロケットを作り、火星まで飛ばし、着陸船を分離して火星に着陸……気が遠くなりそうです。ゼロから手掛けていたら、何十年かかるかわかりません。

しかし、こんなミッションですら前例はあります。月面着陸を成し遂げたアポロ11号です。月と火星という違いはあっても、人を星に送り込んだわけですから。

したがって、あなたはまず、アポロ11号がどのように人を月まで送ったかを調べ、その方法を盗む、いや、真似るべきなのです。

火星と月の違いがあるのでまったく同じ方法は使えませんが、踏襲《とうしゅう》できる点がたくさんあります。

このように、**前例を探し、そのやり方を盗めば、大幅に手間が省けます。逆にいうと、豊富に前例があるのに、ゼロから悩んでしまうのは、大変な無駄**です。

親会社から出向してきた上司は、まず倉庫にある会社の資料を徹底的に読みまくりました。決算書、企画書、提案書、稟議書……。疑問点があるたびに質問され、改善点があるたびにメモさせられて大変でしたが、３か月もしないうちに私より会社のことに詳しくなっていました。過去の書類を把握し、真似るほうが格段と仕事が速くなります。

ある大手広告代理店では、社員の過労死をきっかけに時間短縮の改善点を話し合いました。今まで、クライアントへの提案は、高級スーツのように完全オーダー。担当者は、クライアントに合わせて、ゼロから提案内容を構築していたのです。改善策は、企画書を社員同士で共有すること。中小企業なら当たり前にやっていそうなことですが、悪くいえばプライドが高い。良くいえば職人気質です。

たしかに人それぞれ違いはあります。同じ人間はこの世に一人もいません。しかし共通点、類似点もたくさんあります。似たような年齢、役職、業種のお客様なら、社員同士で共有することで、良い企画書は盗み、真似ることで仕事が格段と速くなるのです。

「学ぶ」という言葉は、「真似ぶ」に由来しています。前例の真似をすることは、悪いことではありません。どんどん真似して、仕事のスピードアップを図ってください。

電話、ポケベル、携帯電話、海に潜り、トンネルを掘り、空を飛ぶ！

火星行きにも前例があるのだから、あなたが地球上で手掛ける仕事にも必ず前例があります。悩む前に、過去に作られた資料を見る、先輩に似た案件がなかったか聞くなど、類似する仕事を探しましょう。

最後に、原作漫画『ルパン三世』の雑学をひとつ。ルパンは、祖父であるアルセーヌ・ルパンから受け継いだ「怪盗としての指南書」のなかにある「誰にも本当の素顔を見せてはならない」という教えを忠実に守っているのだそうです。ということは、あの特徴的なサル顔は素顔ではなく変装？

ルパンも、ずっと憧れている人の真似をしているのかもしれません。

あれ？
白鳥、残業？
お先に〜
明日
プレゼンで
資料を
ちょっと…
明日の
プレゼンって
※※物産？
そうです
じゃ、俺が○◇興産で
使ったやつ、あげるよ
社名を変えれば
ほぼ使えるから
いえいえっ
資料は自分で
作らないと！
作り方を
覚えたいですし
資料は
使い回しても
いいんだよ
そんなに!?
自分で
やりたいんです
やらせてください！
俺も昔そうだったから
わかるけど、
効率的に仕事をする方法を
身につけたほうが良いよ
遅くまで
残業とか
ムダでしょ〜
楽しちゃうと
ダメになっちゃう
気がするんです
テスト前に
ノート借りる人
みたい…
資料を使い
まわすことは
楽すること
じゃないよ!?
ズルじゃ
ないぞー

そりゃ、俺の資料を何も考えないでそのままコピーしたら何も身に付かないよ
えーと
ですよねー
はいコレ見てみな
○○興産
例えば、商品の紹介
白鳥のは長い文章を使って商品の魅力を語ってるよね
俺のは箇条書きで商品のメリットを示している
どっちがわかりやすい?
箇条書きの方がわかりやすいですね!
それと白鳥のは商品写真が右下にあるよね
視線の動き
1番重要なことはココに!
でも、人の視線は左上から右下に向かって動くんだ
それを考慮しながら写真を配置すると、左上が効果的なんだ
3.○○○○○
PH
えー!? 知らなかったー
資料を使いまわすと先輩たちの知恵がたくさん学べるんだよ

ひとつひとつ意味を考えて、必要なテクニックはどんどん盗むんだ
ただぼーっとしてちゃダメだぞー
俺の資料見て良かっただろ
「学ぶ」という言葉は「真似ぶ」に由来しているらしいつまり、学ぶとは、真似することだよ
考えてもわからないことがあったらいつでも質問していいから
はーい!!
テクニックを盗むのか～
盗んだテクニックを繰り返し使えば、いつの間にか自分のものになってるはずだよ
いいところはマネしないと
真似すれば、私も営業の達人になれますか？
たくさん売ればいつの間にか営業の達人になってると思うよ
ニヤリ。。。
やってみよ～
あーはいはい！ええはい！
ええあーはい！
なんだよそれ？
電話のときの達人さんですよ
マネしようと思って♪
そんなの真似しなくていいからー
オレってそんなん？

04

コイントス仕事術

悩んだらコイントスして決めてしまおう！

LEVEL : 01

「石川君、もう1つ資格を取るなら何の資格がいいと思う？」

先輩税理士と会食していたときの話です。顧問先が多い大人気の先輩に質問された私は、「社会保険労務士ですか？　行政書士ですか？　中小企業診断士ですか？」と関連資格を次々とあげていきました。顧問先の経営者が、税金以外で質問してきそうな助成金や許可関係、財務に関するスキルが身につく資格を答えていきましたが、どれも不正解。

答えは、なんと「占い師」。

経営者は決断の連続。最終的な判断はトップの責任。重圧、そして孤独。ときには何日も迷って決めかねる決断もあるそうです。そんなとき、背中を押してくれるのが占い師の一言。だから占い師的な見地から助言をすることで喜ばれるそうです。

たしかにトップは決断の連続。オバマ元大統領も、就任期間中にはグレーかブルーのスーツしか着ていなかったそうです。理由は、何を着るか？　何を食べるか？　そんな些細な決断に力を使うのではなく、大切な決定にエネルギーを使うことが重要だから。重要なポストになればなるほど、決断することが増えるのです。大統領ほどではなくても経営者は決断に迫られることが多い。しかも孤独な場合が多い。そのため迷ったときは、占い師の助言を聴くそうです。先輩税理士も東洋占術、風水、四柱推命などを極めていました。最後のひと押しを手伝うことで人気がでて、顧問先を増やしていったそうです。

あなたも日々決断です。次は何の仕事をしようか？　順番を決めるのも決断です。どっちの仕事をしようかと迷うときは、大抵、面倒な仕事しか残っていないときです（笑）。そんなときは、**コイントスして、どちらをやろうか決めて下さい。**２つの仕事を用意して、表が出たらＡの仕事、裏が出たらＢの仕事と決めておく。

財布から硬貨を取り出しコイントス。**人はルールに縛られると、それを守ろうとします。コイントスでも強制力が働きます。**迷ったらコインを投げてみてください。

余談ですが、人生の選択で迷うこともあります。例えば、転職するか、留まるか。そんな決断に迫られたときもコイントス！

「そんな簡単なことで人生を決めていいの？」

あなたは、そう言うかもしれません。実はどちらになるかが問題なのではないのです。転職になったときの感情、残るとなったときの感情。そのとき抱いた感情があなたの正直な気持ちです。あなたの正直な気持ちを確認するためにコイントスをしてみて下さい。

05

早期退職仕事術

1年後の今日、会社を辞める！

LEVEL：04

20代のころ、会社がイヤで仕方がありませんでした。中小の建設会社に経理として入社。他の部署の雑用やお茶くみもしていました。役員は親会社からの出向と役所からの天下り。現場が一番、営業が二番、最下層に事務部門。簿記の知識ゼロで入社したため先輩には怒鳴られ、叱られる日々。現場の所長からは「誰のお蔭で飯が喰えていると思っているんだ！」と罵声を浴びせられ、営業担当からは「いいよな事務は、クーラーのあるところで仕事ができて」と嫌味を言われる。

退職届を常に上着の内ポケットに忍ばせ、朝電車に乗るときは「今日こそこれを叩きつけてやる！」と固い決意。昼休みはドキドキで食事もロクに喉を通らず顔面蒼白。いつもは不機嫌な上司に「お前大丈夫か？　帰っていいぞ」と、こんなときに限って極上級の優しい言葉。朝の決意は夢か幻のようで、結局、辞表を出せずに帰社。そして遊びまくり、ゲーム三昧の日々。

そんな悪循環の生活を断ち切るために、ひとつの決断をしました。

それは「**1年後の今日、会社を辞める**」と**明確な期限を設定**したのです。

毎日辞めたいと思っていたくせに1年後まで辞めなくていいと思うだけで、気が楽になりました。辞めても、独立、転職できるだけの力がないことを自覚していたからです。

この1年間は力をつけるために、身を粉にして働くことを決意。鬼の研修会社で1年間お金をもらいながら、社会人としてのノウハウを身につける。そんなイメージです。

決断した瞬間、見える景色が変わりました。

いつものコピー。昨日まではスタートボタンを押したら、終わるまでアクビをしながら待っていたのに、さまざまな機能が目に飛び込んできました。枠消し、ブック中消し、サンプルコピー。ソート機能は用紙を横入れでセットしていたが縦入れの方が早い。用紙とインクリボンの入っている戸棚がコピー機から遠い。近くの戸棚に入れた方が無駄に歩かない分、時間短縮になる。コピーを取るのは若手なのに、コピー機から遠くに座っている。企画を考える先輩の真後ろにあるから、コピーを取られるたびに気が散って集中できないんじゃないか、配置転換が必要だ。独立後に紙詰まりの対処がいち早くできるように、やり方を覚えよう。いつもは面倒だし、言われなければ放置していたのに、今は「早く紙詰まりにならないかなぁ～」と心待ちにしている自分がいる。

苦痛だった挨拶回り。

今までは3時間で10件が限界だった。18件に増やそう。

最短ルートの計画を立てよう。今まで無計画で得意先を回っていたけど足立区、新宿区、中央区……区ごとにまとめよう。午後から車を走らせたけど渋滞箇所が多い。明日は時間をずらして混んでいない時間帯を調べよう。朝礼と打合せが長い。早く会社を出られたら、それだけお客様のところに行く機会が増えるのに勿体ない。自分が独立したら社内に拘束される無駄な時間をけずって、お客様のところにいられる滞在時間を増やそう。

今日は昨日の自分と勝負しよう。昨日より多くのお客様のところを回れたら、ご褒美に濃いめのハイボールを飲もう。万歩計をつけて昨日の自分と歩数で勝負しよう。

苦手なコミュニケーション能力を磨いておこう。今まで通勤電車は寝る場所だったけど、今日からは書籍を読んでPDCA（計画⇒実行⇒検証⇒改善）を回そう。ビジネス書を読んで実践できるコンテンツを探す（P）。会社で実践する（D）。帰りの電車でもう一度読み返して成功したか検証（C）して改善（A）しよう。会社を辞めるまで電車に乗る機会はあと250日。退職までに25冊の本で実験ができるぞ。

コピー取り、コミュニケーション、PDCAを回す読書、「**一年後に会社を辞める**」**と決めた途端、苦行がトレーニングゲームへと変わるのです**。同じ出来事でも、考え方ひとつで変わります。物の見方を変えることには、強烈な効果があるのです。

1年後、今の仕事が好きになりキャリアアップが目標になるかもしれません。何より成長し過ぎたあなたを、会社が手放さないかもしれません。

小松課長って昔、経理にいたって聞いたんですけど本当ですか？
うん
入社して3年間経理にいたよ
えっそうなんスか⁉
意外ー‼
肉詰め
どうして営業になったんですか？
当時の上司と合わなくて辞めるつもりだったんだよ
毎日、上司に嫌味を言われ、叱られ、こき使われたからね
ネチ ネチ ネチ ネチ ネチ ネチ ネチ ネチ ネチ ネチ ネチ ネチ ネチ
16年前の課長
ずっと内ポケットに退職届を入れてたなぁ…
退職届
そんなにひどい状況だったんですか
そっ…
想像できねー‼
やる気が出ない
そしたら、また叱られる
その繰り返しで…
つまんねー仕事…

今日こそ辞めてやると思ってたけど、なかなか退職届けを出せなくて…
ぐっ…
よし…
1年は続けてみよう
で、ある日、1年後に辞めてやると決めたんだ
どうして1年後なんですか?
つくね うまい
何も身につけないまま辞めたって、次の職場でも今と変わらないだろ
なるほど!
給料もらいながら仕事を学ぶことにしたんだ
おでんも うまい
それから、どんな雑用でもどうすれば効率的にできるかを考えるようになった
コピー機が詰まっちゃった
ピーガガガ
おまかせを!!
!!
君の淹れたお茶はうまいねー
あざす
わかりやすい!!
書類整理もカンペキ!
ピカー
コピーひとつにしても、コピー機の機能を使いこなして、1秒でも早くコピーする方法を考えたんだ

そうしてるうちに いつの間にか 昨日の自分と 勝負するように なってたんだ…
眠いのか？
ウト…
…い、いえ！ 聞いてますよ 聞いてます
で、気が付いたら 1年経ってた
ガバ
その後 どうしたんですか？
退職届を出しに行ったら すごい勢いでとめられた
できる社員に なってたって わけですね！
で、営業部への 転属を希望したって わけだよ
勉強になります!!
捨て身になれば 物の見え方が 違ってくるってことか…
そろそろ 帰るぞー
ガッ
はいっ
コピーを 頑張れば いいことが あるんですね！
あちゃ
ガバ

おわりに

最後までお読みいただき、ありがとうございます。

起きている時間の半分は、仕事をしている時間です。出社準備、早出、残業、通勤などの拘束時間も含めると、実際は10時間以上。長ければ長いほど、仕事の時間が楽しいのか、辛いのかで、雲泥の差になります。

・仕事に行く準備が面倒だったら、タイマーを使って昨日の自分と競って楽しむ。
・プライベートで遊ぶだけでなく、仕事も遊びに変えてしまう。
・夢や将来の計画を思い描いて、楽しい気分で1日を過ごす。
・サッカーや野球を応援するのもいいけど、ガムシャラな自分を応援する。
・ギャンブルに勝負を賭けるのではなく、自分の人生に勝負を賭けてみる。

そして、仕事をゲームに変えてしまえば、毎日が楽しく充実した日々になります！

就職した当時は仕事に馴染めず苦しみました。しかし、仕事をゲームに変えることで人生も好転しました。

本書で取り上げた仕事（ゲーム）が、あなたの人生に役立てば、幸いです。

石川和男

●マンガ家プロフィール

松本麻希（まつもと　まき）

埼玉県生まれ。イラストレーター。

電子書籍のベンチャー企業でWEBサイトの制作・運営に携わる傍ら、イラストレーターとして活動を開始。2009年よりフリーに。児童書から実用書、冊子、WEBなど様々なジャンルでコミカルなイラストや漫画を制作中。著書に「セロトニン健康法」講談社、共著に「鎌倉女ひとり旅」KADOKAWA中経出版。

●マンガシナリオ

吉岡　豊

●デザイン

金子　中

●著者プロフィール

石川和男（いしかわ　かずお）

建設会社総務部長、大学講師、時間管理コンサルタント、セミナー講師、税理士と、５つの仕事（ゲーム）を楽しむスーパーサラリーマン。

全員合格の偏差値30の高校、名前さえ書けば受かる夜間大学を卒業、しかも留年。バブルの波に乗って建設会社に入社。経理部に配属されるが簿記の知識ゼロで入社したため、上司に怒鳴られる日々を過ごす。仕事に楽しみを見出すことができず、辞表を上着の胸ポケットに忍ばせて出社するが、意志が弱く、出す勇気もなく提出できない日々を過ごす。ストレスから朝方までロールプレイング、アクション、アドベンチャー、シューティングなどのゲームをして過ごす。20代も後半になり、このまま一生を終えたくないと一念発起。日商簿記３級、２級、建設業簿記２級、１級と難易度を上げながら、最終的に税理士試験に合格。弱い敵から強い敵を倒していき、最終的にはボスキャラを倒す感覚で、税理士試験に合格。この経験から、仕事をゲームに変える技を身につけ、楽しく仕事をしている間に、気づけば５つのゲーム（仕事）と、年２冊以上の割合で書籍を出版し続けている。建設会社ではプレイングマネージャー、大学では20代と接し、税理士業務やコンサルタントでは多くの経営者と仕事をし、セミナーでは「時間管理」や「リーダーシップ力」の講師をすることで、「上司」「部下」「若手社員」「フリーランス」など、さまざまな立場の働き方を学ぶ機会を得ている。著書に『仕事が速い人は「これ」しかやらない』（PHP研究所）、『仕事が「速いリーダー」と「遅いリーダー」の習慣』（明日香出版社）など多数。

仕事《しごと》はゲームにすると上手《うま》くいく

発行日　2021年3月25日　第1版第1刷

著　　者　石川《いしかわ》　和男《かずお》

発行者　斉藤　和邦

発行所　株式会社　秀和システム

〒135-0016

東京都江東区東陽2-4-2　新宮ビル2F

Tel 03-6264-3105（販売）Fax 03-6264-3094

印刷所　三松堂印刷株式会社　Printed in Japan

ISBN978-4-7980-6260-0 C0036

定価はカバーに表示してあります。

乱丁本・落丁本はお取りかえいたします。

本書に関するご質問については、ご質問の内容と住所、氏名、電話番号を明記のうえ、当社編集部宛FAXまたは書面にてお送りください。お電話によるご質問は受け付けておりませんのであらかじめご了承ください。